Farida Bouarab-Dahmani

Evaluation basée ontologie d'apprenants en learning by doing

Farida Bouarab-Dahmani

Evaluation basée ontologie d'apprenants en learning by doing

Application aux disciplines enseignées en informatique

Presses Académiques Francophones

Impressum / Mentions légales

Bibliografische Information der Deutschen Nationalbibliothek: Die Deutsche Nationalbibliothek verzeichnet diese Publikation in der Deutschen Nationalbibliografie; detaillierte bibliografische Daten sind im Internet über http://dnb.d-nb.de abrufbar.

Alle in diesem Buch genannten Marken und Produktnamen unterliegen warenzeichen-, marken- oder patentrechtlichem Schutz bzw. sind Warenzeichen oder eingetragene Warenzeichen der jeweiligen Inhaber. Die Wiedergabe von Marken, Produktnamen, Gebrauchsnamen, Handelsnamen, Warenbezeichnungen u.s.w. in diesem Werk berechtigt auch ohne besondere Kennzeichnung nicht zu der Annahme, dass solche Namen im Sinne der Warenzeichen- und Markenschutzgesetzgebung als frei zu betrachten wären und daher von jedermann benutzt werden dürften.

Information bibliographique publiée par la Deutsche Nationalbibliothek: La Deutsche Nationalbibliothek inscrit cette publication à la Deutsche Nationalbibliografie; des données bibliographiques détaillées sont disponibles sur internet à l'adresse http://dnb.d-nb.de.

Toutes marques et noms de produits mentionnés dans ce livre demeurent sous la protection des marques, des marques déposées et des brevets, et sont des marques ou des marques déposées de leurs détenteurs respectifs. L'utilisation des marques, noms de produits, noms communs, noms commerciaux, descriptions de produits, etc, même sans qu'ils soient mentionnés de façon particulière dans ce livre ne signifie en aucune façon que ces noms peuvent être utilisés sans restriction à l'égard de la législation pour la protection des marques et des marques déposées et pourraient donc être utilisés par quiconque.

Coverbild / Photo de couverture: www.ingimage.com

Verlag / Editeur:
Presses Académiques Francophones
ist ein Imprint der / est une marque déposée de
OmniScriptum GmbH & Co. KG
Heinrich-Böcking-Str. 6-8, 66121 Saarbrücken, Deutschland / Allemagne
Email: info@presses-academiques.com

Herstellung: siehe letzte Seite /
Impression: voir la dernière page
ISBN: 978-3-8381-4397-2

Copyright / Droit d'auteur © 2014 OmniScriptum GmbH & Co. KG
Alle Rechte vorbehalten. / Tous droits réservés. Saarbrücken 2014

A toute ma famille en particulier mes parents, mon mari
Et mes enfants

Remerciements

Ce travail de thèse a pu aboutir grâce à la contribution de différentes personnes faisant partie de la communauté d'universitaires et de chercheurs algériens ou étrangers et aussi faisant partie de ma famille . Il m'est impossible de dresser une liste exhaustive. Neanmoins je tiens vivement à remercier toute personne m'ayant aidée de prés ou de loin à réaliser ce travail en particulier :

- Mr Malik Si Mohammed, Maître de Conférences à l'UMM de Tizi Ouzou est le directeur de cette thèse et aussi mon directeur de recherches. Par l'ingéniosité de son encadrement et la sagesse de ses orientations scientifiques, il a pu me guider vers mes résultats de recherches et à l'aboutissement de mon travail de thèse. Je le remercie aussi pour sa confiance en mes capacités des le début de la thèse et pour la facilité de communication avec lui malgré son programme chargé.
- Mr Mouloud Koudil, Professeur à l'école nationale d'informatique (ESI) d'Alger d'avoir bien voulu m'honorer en présidant le jury d'examination de cette thèse.
- Mme Malika Boukala, Professeur à l'USTHB d'Alger d'avoir accepté d'examiner mon travail.
- Mr Bernard Coulette, Professeur à l'IRIT-UTM de l'universite Toulouse le Mirail d'avoir bien voulu participer à mon jury. Je tiens d'autre part à lui exprimer ma gratitude pour avoir à chaque fois contribué au bon déroulement de mes stages à l'IRIT-UTM et pour son aide lors de mon séminaire de 2007 présenté à l'UTM. Ces remarques ont nettement contribué à l'amélioration de ma recherche.
- Mr Nadjib Badache, Professeur à l'USTHB d'Alger pour sa participation à mon jury d'examination
- Mr Yacine Djouadi, maître de conférences à l'UMMTO de Tizi Ouzou pour avoir accepté d'être examinateur de cette thèse. Je le remercie aussi pour ses encouragements.
- Mr Pierre Jean Charrel, Professeur à l'université Toulouse 2 et membre de l'equipe IC3 du laboratoire IRIT pour sa collaboration. Les différents articles communs publiés ont été l'occasion de m'inspirer de sa rigueur scientifique et de sa ponctualité. Je le remercie aussi pour son souci, à chacun de mes stages, de contribuer à son bon deroulement.
- Mme Catherine Comparot, Maître de Conférences à l'université Toulouse 2 et membre de l'équipe IC3. Son esprit critique et pratique ont été très importants pour la réussite des différent écrits ensemble et donc pour la qualité de mon travail de thèse. Je la remercie aussi pour son amitié et son acceuil à chacun de mes séjours à Toulouse.
- Différents enseignants chercheurs et personnel administratif du département maths et informatique de l'université Toulouse 2 pour les discussions constructives et leurs aides lors de mes sejours : Mr. Olivier Haemmerlé, Mme Sophie Ebersold, Mme Nathalie Ernandez, …

- Mr Jean Francois Nicaud, Professeur au laboratoire Leibniz de Grenoble. Sa persévérance dans le domaine des EIAH et ses critques constructives lors de mon sejour au sein de son equipe ont été très importants pour mon travail.
- Les enseignants d'anglais qui ont corrigé mes différents articles et qui ont donc contribué à la communication des résultats de cette thèse. Ce sont : Melle Sadia Belkhir, Mr Mohammed Fodil et Melle Katia Hameg.
- Tout le staff administratif de la faculté du Génie Eléctrique et Informatique de l'UMMTO à leur tête Mr Mohammed Said Belgaid, doyen de la faculté et Mr Megherbi vice doyen à la PG/RS. Parmi le personnel, je cite particulièrement Mme Si youcef Houria, Mr Sidi Othmane et Naima pour leurs soucis, à chaque fois d'être à la hauteur de leurs tâches respectives.
- Mr Mohammed Demri, chef de départment informatique, Mr Belgacem Ait Mohammed et Melle Tassadit Berkane du département informatique de l'UMMTO.
- Les membre de mon equipe de recherche Mme Sini Ghenima et Mr Samir Hameg
- Mes collègues du département informatique de l'université Badji Mokhtar d'Annaba. De mon interaction avec eux, certaines idées de cette thèse ont eté inspirées. Je cite patticulièrement Mme Nora Taleb et Mme Nacira Ghoualmi.
- Mme Souad Si Mohammed pour sa gentillesse et son aide.

De leurs côté, les membres de ma famille ont eu un rôle très important pour l'avancement de cette thèse :

- Mon mari n'a cessé de m'encourager à continuer à des moments de relâchements et d'hésitation. Pour mener à bout ce travail de thèse, il a du faire beaucoups de sacrifices et de concessions.
- Mon beau père que dieu ait son âme avait un respect particulier pour les études, implicitement il m'avait encouragée à aller de l'avant sans oublier sa permamente assistance pour tout aléa et événement. Je regrette sincerment le fait qu'il ne puisse assiter à l'aboutissement de ce travail.
- Mes parents pour leurs continuels soutien. La sécurité qu'ils m'ont toujours inspirée m'a aidée à avancer malgré les contraintes.
- Ma belle mère pour son aide précieuse durant mes absences.
- Mon frère, mes beaux frères et belles sœurs en particulier Nawel pour leurs assistances et aides.

Résumé

Cette thèse traite de l'apprentissage interactif et porte en particulier sur la possibilité d'utiliser les résultats de l'ingénierie ontologique dans la modélisation de domaines d'enseignement ainsi que dans l'évaluation des connaissances des apprenants en apprentissage par l'exercice.

L'évaluation des connaissances étant avec la modélisation de l'apprenant, les processus les plus complexes d'un système d'auto-apprentissage, nous sommes également intéressés par la problématique de sa mise en œuvre à travers des approches formalisées. Notre contribution consiste notamment en :

- L'introduction d'une représentation des connaissances du domaine à enseigner basée sur une ontologie de domaine (Ont-TDM). Celle-ci, par la définition d'un ensemble de concepts (notion, item de connaissance, exercice, erreur, ...) et d'un ensemble de relations (composé de, évalue, est relié à, ...), permet de modéliser la sémantique d'un domaine utilisée dans différentes activités d'apprentissage par l'exercice,
- la proposition d'une approche d'évaluation automatisée des connaissances des apprenants composée principalement de trois étapes : le diagnostic des erreurs, la notation des apprenants et la mise à jour du modèle de l'apprenant. L'approche ODALA (Ontology Driven for Auto-evaluation Learning Approach) ainsi développée, fondée sur l'ontologie de domaine Ont-TDM constitue ainsi une partie essentielle des travaux présentés ici.

Nous présentons, par ailleurs des applications des résultats du présent travail de recherche à travers le développement de différents prototypes de systèmes d'e-learning par l'exercice. Le système WebSiela (pour l'algorithmique) et RDB-E-LEARN (pour les bases de données relationnelles), qui tous deux mettent en pratique les approches et modèles introduits ici, ont été ainsi confrontés à la réalité à travers des tests avec des étudiants de l'université. Nous avons ensuite, procédé à la mise en œuvre d'un environnement d'auto-apprentissage en résultat de WebSiela et RDB-E-LEARN grâce à l'adaptation de la plateforme MOODLE. Les résultats de ces différentes évaluations permettent de conclure en premier lieu que l'approche ontologique que nous avons proposée présente un intérêt certain pour les EIAH de type learning by doing, mais également que les résultats obtenus ici sont réutilisables dans différents domaines sous des hypothèses relativement proches.

Mots Clés : EIAH, Auto-apprentissage par l'exercice, Ontologie, Diagnostic, Evaluation, Modèle de l'apprenant, E-learning.

Abstract

This thesis discusses the interactive learning and focuses in particular on the possibility of using the results of ontological engineering in the areas of teaching domain modelling as well as for learner's knowledge evaluation in the case of learning by doing.

The assessment of knowledge is with the learner's modelling, the most complex processes of a self-learning, so we are also interested in its implementation by proposing formal approaches. Our contribution includes in particular:

• The introduction of a teaching domain knowledge representation based on domain ontology (Ont-TDM). The latter, by defining a set of concepts (notion, knowledge item, exercise, error, ...) and a set of relationships (part of, evaluates, is connected to ...), models the semantics of a field used in various learning by doing activities,

• the proposition of an automated evaluation of learners' knowledge that consists mainly of three stages: errors diagnosis, scoring learners and learner model updating. The approach ODALA (Ontology Driven Auto evaluation Learning Approach) developed using the domain ontology Ont-TDM is thus an essential part of the work presented here.

Moreover, we present applications' results of this research work through the development of various prototypes of e-learning by doing systems. The system WebSiela (for algorithmic) and RDB-E-LEARN (for relational databases), who both practice the approaches and models introduced here were thus faced with the reality through tests with university students. We then proceeded with the implementation of a self-learning environment as a result of WebSiela and RDB-E-LEARN through adaptation of the platform MOODLE. The results of these evaluations can be concluded first that the ontological approach that we proposed is certainly interesting for learning by doing computer based systems, but also that the results obtained here are reusable in different areas under similar assumptions.

Keywords: Computer based systems, Self-learning by doing, Ontology, Diagnosis, Evaluation, Learner's Model, E-learning.

Table des matières

Introduction Générale 1

CHAPITRE I : EIAH et Evaluation des Apprenants

Introduction 3
I-1- L'Informatique pour l'Apprentissage Humain 3
I-2- E-Learning 6
    I.2.1. Défintions 6
    I.2.2. Typologies des systèmes de e-learning 7
    I.2.3. Plates formes de e-learning 9
    I.2.4. Normalisation dans le domaine de l'e-learning 10
I-3- Modelisation de Domaines d'Enseignement dans les EIAH de Type Learning by Doing 15
I-4- Evaluation des Apprenants 17
    I.4.1. Types d'Evaluation 17
    I.4.2. Types de diagnostic 18
    I.4.3. Techniques de diagnostic 19

Conclusion 21

CHAPITRE II : Les Ontologies

Introduction 22
II-1. Notion d'Ontologie 22
II-2. Les Ontologies et la Représentation des Connaissances 24
II-3. Les Constituants d'une Ontologie 25
II-4. Typologie Selon l'Objet de Conceptualisation 27
II-5. Langages et Outils pour les Ontologies 28
    II.5.1. Les langages 28
    II.5.2. Les outils d'édition 29
II.6. Les Ontologies et les EIAH 30
    II.6.1. Principales utilisation des ontologies dans les EIAH 30
    II.6.2. Exemples de projets de conception/développement d'EIAH utilisant les ontologies ... 31
    II.6.3. Evaluation et ontologies dans les EIAH de type learning by doing 32

Conclusion 33

CHAPITRE III : Les Ontologies pour la Modélisation de Domaines d'Enseignement

Introduction 34

III-1- Auto-Apprentissage par l'Exercice 34
    III.1.1. Problématique et Objectifs 35
    III.1.2. Caractéristiques d'un Environnement d'Auto-Apprentissage par l'Exercice............ 37

III-2- Modélisation de Domaines d'Enseignement pour un Apprentissage par l'Exercice   40

III-3- Un Modèle Ontologique Pour la Specification d'un Domaine d'Enseignement 41
    III.3.1. Les Concepts 42
    III.3.2. Les Liens 48

III-4- Les Ressources du Domaine   52

III-5- Modèle Ontologique de Contexte d'un Domaine d'Enseignement   53

III-6- Aperçu sur les Possibilités d'Opérationnalisation d'Onto-TDM   54

Conclusion 55

CHAPITRE IV : Une Approche d'Evaluation Automatisées des Connaissances des Apprenants Basée sur un Modèle Ontologique

Introduction 56

IV-1. L'Approche d'Evaluation Proposée 57
    IV.1.1.Le Processus de Conception... 57
    IV.1.2. Le Processus d'utilisation 58

IV-2. Le Diagnostic des Erreurs avec ODALA   60
    IV.2.1 L'Analyse de la forme... 61
    IV.2.2.L'Analyse Sémantique... 61

IV-3. La Notation des Apprenants avec ODALA   63
    IV.3.1 Le principe de la notation granulaire 63

IV.3.2. Les Formules de Calcul 65

IV-4. Mise à Jour du Modèle de l'Apprenant avec ODALA   68

Conclusion 72

CHAPITRE V : Applications

Introduction 73

V.1. Enseignement de l'Algorithmique de Base   73

    V.1.1. Modélisation ontologique du domaine 74
    V.1.2. Diagnostic des erreurs 78
    V.1.3. Le processus de notation et la mise à jour du modèle apprenant 79
    V.1.4. Autres fonctionnalités du système WebSiela 81
    V.1.5. Tests et résultats 81

V.2. Enseignement des Bases de Données Relationnelles   84

    V.2.1. Modélisation ontologique du domaine 85
    V.2.2. Diagnostic des erreurs 91
    V.2.3. Le processus de notation et la mise à jour du modèle apprenant 94
    V.2.4. Autres fonctionnalités du système RDB-E-LEARN 94
    V.2.5. Tests et résultats 96

V.3. Environnement Multi-Domaines : La Plate Forme Campus E-Learn   97

Conclusion 100

Conclusion Générale   101

Bibliographie   104

Annexes   112

Annexe A : Pseudo Langage Algorithmique Utilisé dans Websiela   112

Annexe B : Liste des Erreurs Lexico-Syntaxiques et Sémantiques dans Websiela   114

Annexe C : Pseudo Langage Algebrique Utilisé dans Rdb-E-Learn   119

Annexe D : Liste des Erreurs Lexico-Syntaxiques et Sémantiques dans Rdb-Elearn   123

Annexe E : Exemple de Document XML et son Affichage Avec un Script Php   130

Annexe F : Liste des Communications et Publications après Inscription en Doctorat   132

Liste des Figures

Figure 1. Principaux courants en informatique et éducation Avant 1997 [Bruillard 97]   05
Figure 2. Principaux courants en informatique et éducation   05
Figure 3. Structure hiérarchique du LOM [Jarraud & La Passardière, 04]   12
Figure 4. Diagramme conceptuel d'un Package [Semeteys, 06]   13
Figure 5. Différents rôles composants IMS QTI   14
Figure 6 : Architecture Générale d'un Environnement d'Auto-Apprentissage à Distance   38
Figure 7 : Architecture du Module des Exercices   39
Figure 8. Principales parties d'un domaine d'enseignement   41
Figure 9 : Méta-termes de données de l'Ontologie générique de domaine d'enseignement   42
Figure 10. Principaux concepts de l'ontologie d'un domaine d'enseignement   43
Figure 11. Décomposition des Notions d'un domaine d'enseignement   43
Figure 12: Modélisation d'un exercice par « projection » sur les notions du domaine   44
Figure 13. Sous-Modèle Ontologique des Erreurs   46
Figure 14. Les erreurs sont liées Aux items de connaissances   47
Figure 15. Le Triangle didactique [Bisault & Lavarde 95]   49
Figure 16. Exemple de Liens Pré-requis de en Algorithmique   50
Figure 17. Exemple de Taxonomie de Ressources de type Documents   52
Figure 18. L'ontologie de contexte d'utilisation pour l'évaluation Onto-TDM-EVAL   54
Figure 19. Principales Etapes de développement d'un système d'Evaluation avec ODALA   58
Figure 20. Principales Etapes du Fonctionnement d'un système d'Evaluation ODALA [Bouarab-Dahmanir & al. 2010b]   59
Figure 21. Composition de l'Analyseur Sémantique d'ODALA   62
Figure 22. « Effet Miroir » entre notes calculées et hiérarchie de décomposition du domaine   64
Figure 23. Page d'accueil du système WebSiela   74
Figure 24. Formulaire d'ajout d'erreur   75
Figure 25. Exemple de la projection de l'exercice 12 sur le sous domaine de l'algorithmique   77
Figure 26. Réponse de l'Analyseur quand il y a des Erreurs Lexico-Syntaxiques   78
Figure 27. Réponse de l'Analyseur quand il y a des Erreurs Sémantiques   79
Figure 28. Vue sur les notes de sessions d'un apprenant à partir de l'espace auteur   80
Figure 29. Vue sur les notes des exercices dans l'espace apprenant   80
Figure 30. Vue sur les indices de compréhension des items de connaissances de la session courante à partir de l'espace apprenant   81
Figure 31. Présentation de la liste des cours   82
Figure 32. Histogrammes des taux de détection de WebSiela   83
Figure 33. Taux de détection de WebSiela par Type d'Erreurs   83
Figure 34. Page d'accueil du système RDB-E-LEARN   86
Figure 35. Exemple d'expression algébrique   89
Figure 36. Exemple d'arbre algébrique   90
Figure 37. Exemple de programme SQL   90

Figure 38. La table des symboles du formalisme des arbres algébriques intégrée à
   l'environnement de résolution de l'apprenant   91
Figure 39. Extrait de la grammaire correspondant au langage algébrique proposé   92
Figure 40. Exemple d'affichage d'erreurs de forme par RDB-E-LEARN après analyse
   d'une expression algébrique   93
Figure 41. Exemple d'affichage d'erreurs sémantiques par RDB-E-LEARN après
   analyse d'une expression algébrique   93
Figure 42. Exemple d'affichage d'erreurs sémantique après analyse d'un arbre
   algébrique par RDB-E-LEARN   94
Figure 43. Affichage d'un cours sur une notion par RDB-E-LEARN   95
Figure 44. Affichage d'un QCM par RDB-E-LEARN   95
Figure 45. Taux de détection d'erreurs avec RDB-E-LEARN dans le cas d'arbres
   algébriques [Bouarab-Dahmani & al. 10a]   96
Figure 46. La page d'accueil de Campus E-Learn UMMTO   98
Figure 47. Page d'accueil de WebSiela à partir de Campus E-Learn UMMTO   99
Figure 49. Exemple de cours d'algorithmique au format SCORM   99

Liste des Tableaux

Tableau 1. Les Principaux concepts de l'Ontologie	48
Tableau 2. Les Principaux liens de l'ontologie de domaine d'Enseignement Proposée	51
Tableau 3. Vue sur la matrice des erreurs	69
Tableau 4. Exemple de Matrice de Compréhension	70
Tableau 5. Exemple de matrice d'exercices	70
Tableau 6. Vue sur la matrice incomplète des notions	71
Tableau 7. Vue sur la matrice finale de compréhension des notions	71
Tableau 8. Principales instances des notions et IC d'OntoAlgo	76
Tableau 9. Caractérisation d'un exercice d'algorithmique par les notions et les IC	77
Tableau 10. Taux de détection d'erreurs [Bouarab-Dahmani & al. 08c]	82
Tableau 11. Principales instances des notions et IC d'RdbOnto	88
Tableau 12: Exemple de liens Exercice-items-Notions extrait de RDD-E-LEARN	89
Tableau 13. Taux de détection d'erreurs dans le cas de solutions en expressions algébriques [Bouarab-Dahmani & al. 10b]	97

Introduction Générale

L'utilisation de l'informatique pour l'apprentissage et l'enseignement se développe et évolue sous le coup de différents facteurs inter-reliés comme la poussée technologique (faible coût des technologies, facilité et banalisation de leurs usages), l'évolution des connaissances scientifiques, la demande sociale ou encore l'évolution des pratiques des enseignants et des apprenants. Cette évolution a notamment favorisé l'apparition du concept d'EIAH : Environnement Informatique d'Apprentissage Humain.

«Un EIAH est un environnement informatique conçu dans le but de favoriser l'apprentissage humain, c'est-à-dire la construction de connaissances chez un apprenant » [Tchounikine 02]. «La problématique des EIAH s'organise autour de deux pôles principaux : les connaissances qu'il faut représenter et qui sont l'enjeu de leur utilisation, les utilisateurs enseignants et apprenants; ces derniers ayant la particularité d'évoluer du point de vue de leurs connaissances dans le cours de l'interaction avec l'environnement informatique» [Balacheff 99].

Les travaux de recherche menés dans ce cadre n'ont pas pour finalité de construire des EIAH utilisés dans les classes ou les lieux de formation (même si certains évoluent pour atteindre ce type d'objectif), mais plutôt de comprendre les enjeux à considérer, les phénomènes à prendre en compte ainsi que les moyens (notions, modèles, processus, outils, etc.) utiles à la conception des EIAH.

Dans le contexte des environnements interactifs, cette thèse a pour but de mettre à profit l'ingénierie ontologique dans la modélisation de domaines d'enseignement en général (par la proposition d'un méta-modèle) ainsi que dans l'évaluation automatisée des apprenants en apprentissage par l'exercice. L'évaluation des connaissances étant avec la modélisation de l'apprenant, les processus les plus complexes d'un système d'auto-apprentissage, nous avons aussi abordé la problématique de sa conception en recherchant des approches formalisées, qui soient en particulier applicables lorsqu'il y a des réponses librement conçues à des questions ouvertes.

Partant de l'hypothèse de base du système BUGGY [Brown & al. 75] [Brown & Burton 78] stipulant que toute erreur est indicatrice d'une mauvaise compréhension d'un élément du domaine, nous avons utilisé le concept d'erreur comme pivot de l'approche et des techniques d'évaluation proposées. Cette idée combinée avec la modélisation ontologique du domaine représente une solution pour atteindre l'objectif d'un environnement d'auto-apprentissage par l'exercice tirant pleinement profit des développements en Technologies de l'Information.

Notre travail s'articule autour de trois principales étapes. La première concerne la conception d'un modèle ontologique pour la représentation d'un domaine d'enseignement pour un apprentissage par l'exercice. La deuxième se rapporte à la construction d'une approche d'évaluation des connaissances des apprenants basée sur ce modèle ontologique du domaine et sur le concept d'erreur. Cette évaluation est un processus qui consiste à détecter les erreurs de l'apprenant, à noter ce dernier (dans un esprit formatif et sommatif) puis à reporter ce bilan d'évaluation sur le modèle de l'apprenant pour qu'il serve à l'adaptation de l'apprentissage. La troisième et dernière étape présente des applications de cette approche à des domaines d'enseignements spécifiques. Pour chaque domaine, un prototype est développé et des expérimentations sont conduites avec des étudiants pour étudier la portée du système réalisé. Les domaines choisis dans le cadre de cette thèse sont l'algorithmique et les bases de données relationnelles qui sont deux modules de l'enseignement de base des informaticiens.

Cette thèse est organisée autour de cinq chapitres.

Le premier chapitre présente un état de l'art sur les EIAH et introduit la problématique de l'évaluation des apprenants dans le cadre d'un auto-apprentissage par l'exercice.

Le second chapitre présente le concept d'ontologie et introduit la possibilité de son utilisation en tant que formalisme de représentation de connaissances dans les systèmes EIAH.

Le troisième chapitre décrit les objectifs et les caractéristiques de l'environnement d'auto-apprentissage par l'exercice auquel nous nous intéressons, avant de présenter notre proposition de modélisation ontologique d'un domaine d'enseignement pouvant être appliquée dans un tel cas.

Le quatrième chapitre présente l'approche proposée pour l'évaluation automatisée des connaissances des apprenants dans ce même cadre.

Enfin, le chapitre cinq est consacré à des applications de notre approche et des outils développés en parallèle. La première section présente le cas de l'enseignement de l'algorithmique, la deuxième concerne l'enseignement des bases de données relationnelles et le dernier cas montre un test sur un environnement multi-domaines.

La conclusion résume nos plus importantes contributions ainsi que les principales perspectives de recherches auxquelles nous envisageons de nous intéresser au terme de ce travail.

CHAPITRE I
EIAH et Evaluation des Apprenants

Introduction

Depuis l'apparition de l'informatique, beaucoup de systèmes sont développés dans le but d'utiliser l'ordinateur pour aider à accomplir la tâche pédagogique d'enseignement/apprentissage. Avant l'arrivée des NTIC et l'apparition des plates formes de e-learning, deux grandes périodes ont marqué l'histoire de cette médiatisation technologique de l'apprentissage qui a contribué à l'élaboration de beaucoup de logiciels plus ou moins réussis. Nous distinguons l'ère de l'EAO classique où furent effectuées les premières tentatives ad hoc d'assistance à l'apprenant par des didacticiels, et l'ère de l'EIAO qui a exploité à bon escient les techniques de l'intelligence artificielle pour réaliser des environnements d'enseignement/apprentissage plus intelligents et qui tiennent compte des capacités cognitives de l'apprenant. On convient aujourd'hui (du moins chez la communauté francophone qui s'intéresse aux systèmes informatiques pour l'apprentissage) que tous ces systèmes sont des Environnements Informatiques d'Apprentissage Humains (EIAH).

L'objet des travaux de recherche relatifs aux EIAH est d'étudier les situations pédagogiques informatisées et les logiciels qui permettent ces situations [Tchounikine 09]. Ce type de problématique se base sur les interactions entre l'apprenant et l'outil d'où la nécessité de la représentation de l'évolution de la progression de l'apprentissage de celui-ci en particulier dans le cas de domaines qui nécessitent l'apprentissage du raisonnement par l'exercice. L'évaluation des connaissances des apprenants est l'activité pédagogique qui permet le « calcul » de cette progression.

Après un bref exposé sur les différentes phases qui ont marqués l'histoire de l'apprentissage par ordinateur, nous détaillons au niveau de la deuxième section les EIAH de type e-learning puis présentons une synthèse sur l'évaluation des connaissances des apprenants.

I-1- L'Informatique pour l'Apprentissage Humain

Le domaine des technologies appliquées à la formation recouvre ce qu'on appelait traditionnellement des didacticiels, et qu'on appelle plutôt aujourd'hui des EIAH.

On parlait d'abord d'EAO (Enseignement assisté par ordinateur), en anglais CBT (Computer based training). L'introduction de l'intelligence artificielle a conduit à parler d'EIAO (Enseignement intelligemment assisté par ordinateur), en anglais ICAI

(Intelligent computer aided instruction). On a ensuite traduit le I par interactif : EIAO devenait Environnement interactif d'apprentissage avec ordinateur. Cela créait toutefois quelque confusion avec l'apprentissage par les machines au sens de l'IA (intelligence artificielle); d'où le sigle actuel EIAH.

Dans le schéma suivant (figure 1 et figure 2), la première colonne réfère à des courants qui ont privilégié l'enseignement, c'est-à-dire pour lesquels la machine est principalement amenée à jouer le rôle du maître (de l'enseignement programmé aux tuteurs intelligents). La troisième colonne rend compte de recherches dans lesquelles l'ordinateur est un moyen permettant aux apprenants d'effectuer constructions, explorations et découvertes. La colonne centrale correspond aux tentatives de synthèse de ces deux approches, essayant de concilier un certain guidage par la machine dans des environnements largement contrôlés par les apprenants.

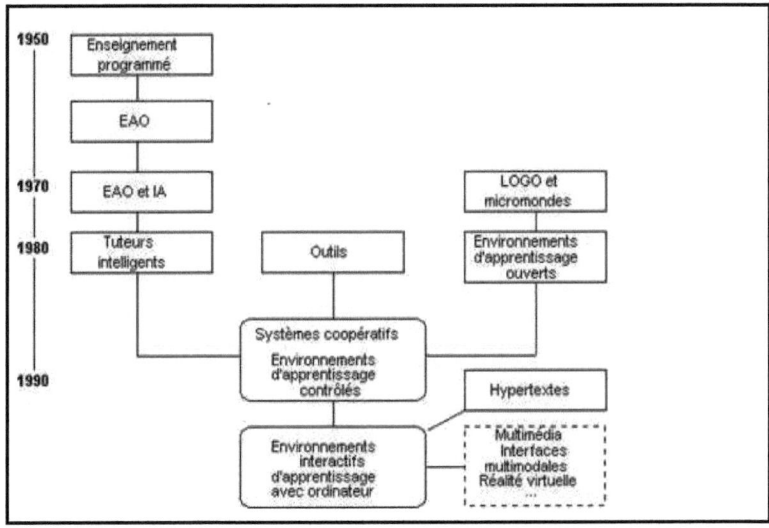

Figure 1. Principaux courants en informatique et éducation Avant 1997 [Bruillard 97]

Il existe une grande diversité d'EIAH, allant de simples CD-Rom à de complexes plates-formes du E-learning. Les EIAH comprennent à la fois [Grandbastien 02] :

- des produits appelés "tuteurs intelligents", destinés à favoriser un certain apprentissage, par exemple en géométrie, ou en langues étrangères,

- des services à valeur ajoutée, comportant d'autres fonctions comme le courrier électronique ou la gestion des élèves.

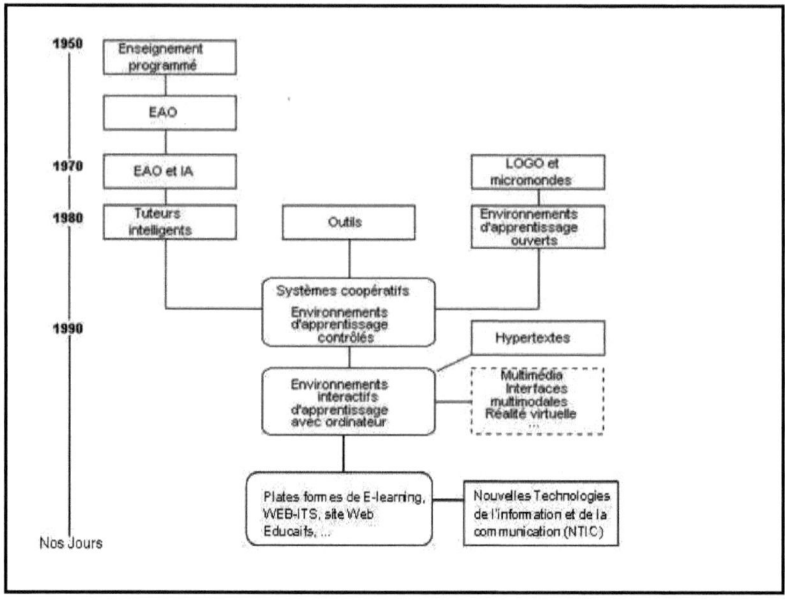

Figure 2 Principaux courants en informatique et éducation jusqu'à nos jours

L'utilisation d'un même sigle pour identifier l'ensemble des systèmes qui utilisent l'ordinateur pour l'apprentissage ne signifie pas que les problématiques et les préoccupations sont les mêmes. En effet, pendant que le domaine des "tuteurs intelligents" connaît un mûrissement dans certains volets qui relèvent de détails dans le développement de systèmes comme la représentation des connaissances du domaine ou pédagogiques, la modélisation de l'élève,..., celui des plates-formes de e-learning a beaucoup plus connu une avancée vers la gestion du travail coopératif et le développement de sites WEB éducatifs [Michel & Rouissi 03]. Pour les plates-formes d'enseignement à distance, le développement à grande échelle dans des environnements techniques différents nécessite d'avoir des ressources caractérisées de manière universelle. Dans les systèmes d'EIAO le besoin est différent. La variété des tâches proposées et la grande adaptabilité des systèmes nécessitent de disposer de ressources pédagogiques définies de manière extrêmement fine. A l'heure actuelle, les fonctionnalités proposées par ces deux types de systèmes sont complètement différentes. Si on va vers un développement technique des plates-formes comme celui des systèmes d'EIAO, alors la caractérisation des documents pédagogique va dans le sens de deux besoins, à savoir : définir formellement et très précisément les ressources pédagogiques utilisées, et le faire selon une norme de manière à en faciliter l'échange et l'accessibilité.

Aujourd'hui, les tendances respectives des deux recherches semblent converger (avec les travaux sur les Web-ITS : Web based intelligent tutoring systems) pour aller vers des outils intelligents pour l'auto-apprentissage, des outils Web pour la communication et la recherche d'information, des outils d'aide à l'apprentissage comme la simulation, ...

I-2- E-learning

Depuis plusieurs années, les technologies de l'information et de la communication (TIC) constituent non seulement un nouvel outil, un nouveau média, mais aussi un moyen d'ouverture sur des ressources du monde entier. On peut considérer que les TIC sont le résultat de la convergence de trois technologies : l'informatique, les télécommunications et l'audiovisuel, ces trois domaines se trouvant associés dans l'ordinateur connecté. Internet a concrétisé aujourd'hui cette convergence.

Nous nous trouvons ainsi face à un nouveau mode de communication qui, par la quantité d'informations qu'il rend disponible et la variété de ses sources, pose des problèmes aux enjeux éducatifs considérables parallèlement aux avantages certains qu'il procure à tous les niveaux.

Nous entendons parler de formation à distance, formation en ligne, e-learning, télé-enseignement,... C'est toute une multitude de termes à la signification apparente similaire, mais qui renvoie à des aspects différents d'une nouvelle technologie éducative à la mode, et qu'il convient de distinguer.

I-2-1- Définitions

- *E-learning* : Signifie "enseignement électronique "; c'est une discipline où théorie d'enseignement et technologies des réseaux informatiques sont combinées pour permettre à des apprenants de réaliser leurs cursus par l'intermédiaire d'un réseau informatique (Internet ou Intranet) [O'Neil 01].

- *Formation à distance (FAD) ou Enseignement à distance (EAD)* : Concept plus général dans le sens où les moyens utilisés pour communiquer entre les apprenants et les formateurs ne sont pas spécifiés. La formation traditionnelle par correspondance, la communication par téléphone, fax,... peuvent rentrer dans le cadre d'une FAD. On notera la nuance linguistique entre les termes "enseignement" et "formation", le premier évoque une durée plus longue et la sanction obligatoire par un diplôme alors que le deuxième peut signifier un simple perfectionnement des connaissances comme c'est le cas des formations des personnels d'entreprises. On parle aussi de FOAD pour formation ouverte et à distance, l'ouverture se fait à un public large. L'outil d'ouverture le plus utilisé aujourd'hui reste évidemment le Web.

- *Télé-enseignement ou téléformation* : L'utilisation de moyens de télécommunication est plus importante dans ce cas (téléphone, fax, Internet,...).

La formation à distance la plus possible et la plus courante se base actuellement sur le réseau internet. Pour cela le terme *E-learning* est de plus en plus utilisé (cette appellation est retenue par l'union européenne par exemple) pour englober *toute formation ouverte et à distance utilisant les technologies de l'information et de communication.* C'est ce terme que nous adoptons d'ailleurs dans la suite de cette thèse.

- *Plate-forme de E-learning* : Une plate-forme de E-learning est un logiciel qui assiste la conduite des enseignements à distance. Ce type de logiciel regroupe les outils nécessaires aux trois principaux utilisateurs – enseignant, étudiant, administrateur - d'un dispositif qui a pour finalité la consultation à distance de contenus pédagogiques, l'individualisation de l'apprentissage et le télé-tutorat [Oravep 00]. Ces systèmes ont pour ambition de mettre en ligne des enseignements complets où l'étudiant peut préparer son ingéniorat, sa licence, son bac,... via ces plates-formes.

I-2-2- Typologies des systèmes d'e-learning

Passer de la mise en place de formations en « présentiel» à l'élaboration de e-learning, nécessite des mutations culturelles, organisationnelles et bien évidemment pédagogiques. Les relations formés-contenus-formateurs s'en trouvent bouleversées, rendant cette évolution délicate. En fait, selon les besoins de chaque situation d'apprentissage (public visé, type de formation, le domaine de la formation,...), on devrait aboutir à des dispositifs multiples articulant dans des proportions variées les temps de travail à distance, le temps de travail en auto-apprentissage et les temps de travail en présentiel afin de s'adapter aux processus et approche pédagogique. Plusieurs catégorisations ont été proposées pour les systèmes de e-learning allant de la plus globale à la plus détaillée. La classification la plus générale propose deux catégories [O'Neil 01] :

- *Les systèmes synchrones* qui définissent une « classe virtuelle » où la communication entre les acteurs de la formation à distance est en temps réel en utilisant le son, la vidéo ou le chat

- *Les systèmes asynchrones* où l'élève n'est pas forcement en ligne avec l'enseignant, il peut travailler en mode déconnecté et communiquer à des moments planifiés ou à la demande. Le mode de communication nécessaire et le plus utilisé dans ce genre de systèmes est la messagerie électronique.

D'autres classifications sont plus fines. Par exemple, dans [Charp & al. 02], on trouve une typologie de situations de e-learning où six grands types sont évoqués. Ce sont :

- *Formation avec auto-apprentissage tutoré et synchronisé* : Ce type de formation articule du travail à distance à un instant donné et du travail en présentiel. Le dispositif allie un auto-apprentissage à distance (un outil et ses concepts par exemple) à une «reformulation» en commun et une appropriation en présentiel. L'auto-apprentissage repose sur différentes activités s'appuyant sur des documents de nature différentes (lecture, prise en main guidée, exercices) décrites dans une fiche guide standardisée pour l'ensemble de la formation, le tout disponible en téléchargement à partir du site de la formation. Cet auto-apprentissage se déroule sur une journée identifiée dans l'emploi du temps des stagiaires contenant des contacts obligatoires avec les formateurs par l'intermédiaire d'envoi de documents, de réponses à des questionnaires ou de productions. Les formateurs tuteurs, présents à distance, peuvent être joints durant cette période à tout moment par différents moyens (téléphone, messagerie, etc.) pour lever toute difficulté.

- *Formation avec auto-apprentissage tutoré et désynchronisé :* Dans ce type de formation se retrouve l'ensemble des principes du type précédent. La différence réside dans la désynchronisation de la distance. Dans ce cas, le travail à faire à distance se déroule dans un laps de temps donné avec une date limite. Le contact avec les formateurs tuteurs existe toujours mais les réponses aux questions ne sont pas immédiates.

- *Auto-formation* : Ce dispositif s'appuie sur des outils intégrant l'ensemble du déroulement de l'apprentissage, de l'initiation à l'évaluation sans recourir au présentiel. Il est nécessairement désynchronisé et le recours au tuteur est limité puisque l'outil doit en principe guider au mieux l'apprenant.

- *Production coopérative* : La mise à distance des formés, si elle individualise leur formation, les isole en même temps. Pourtant, le travail de groupe demeure un dispositif d'apprentissage qui doit perdurer dans le cadre de ces nouvelles modalités. La mise en place par exemple de productions coopératives par un cahier des charges précis, génère un dialogue et une confrontation entre les différents membres d'un groupe restituant ainsi l'interactivité entre eux. Les formateurs suivent l'avancée des travaux en observant l'évolution de la production et en réagissant sur celle-ci. L'ensemble des acteurs est alors partie prenante du travail. Cette modalité nécessite vraisemblablement la plus grande inventivité de la part des formateurs.

- *Formation en alternance tutorée* : L'utilisation des outils de communication à distance permet de mettre en place un apprentissage par l'action, sur le lieu de l'action, spécificité de l'alternance. Organisé autour de travaux à mener dans les établissements, en s'appuyant sur des apports théoriques en présentièl ou en ligne et l'usage d'un carnet de bord électronique. Chaque stagiaire a un formateur-tuteur référent qui suit l'évolution du travail à travers ce carnet de bord et la remise des productions demandées. Le tuteur peut être sollicité par le stagiaire sur toutes les questions qu'il se pose sur son travail.

- *Travail en autonomie* : La notion d'autonomie existe bien entendu dans les différents types de situations énumérés précédemment. Cependant, il est possible d'identifier des formes de travail qui ne requièrent pas la présence des stagiaires sur le lieu de formation. Par exemple, les phases de lecture, de collecte de documents et d'informations, clairement identifiés dans les dispositifs de formation et dans le planning ne sont pas soumises au présentièl. Ils permettent ainsi aux formés d'élargir leurs possibilités de recherche en utilisant les ressources personnelles, locales, académiques, qu'elles soient documentaires, matérielles ou humaines.

I-2-3- Plates formes d'e-learning

Le développement d'une plate-forme d'e-learning [1] pose les contraintes relatives au développement de sites Web mais, présente aussi certaines spécificités venant de son usage pour l'apprentissage. Les principales considérations à prendre en compte sont :

- *Sur le plan technique* : Elles sont relatives essentiellement aux matériels et logiciels informatique et de communication comme : le matériel et système d'exploitation des utilisateurs de la plate-forme et au niveau du serveur, outils multimédias, connexion Internet (type, débit,...), outils de téléchargement, de messagerie, ...

- *Sur le plan pédagogique* : Elles consistent à tenir compte de la distance de l'enseignant et éventuellement du lieu pédagogique d'une part et de l'individualité de la formation d'autre part, et définir les contenus pédagogiques et les parcours-types de telle sorte que la plate-forme ait un intérêt et une motivation. C'est dans ce cadre aussi, qu'on définit les modules, enseignements et cursus envisagés.

- *Sur le plan* administratif : Elles portent sur : la gestion de la scolarité des e-learners (inscription, relevé de note,...), la gestion des e-formateurs (recrutement, rémunération,...), affectation des e-learners aux groupes, affectation des e-formateurs aux groupes, ...

- Considérations de Modélisation : C'est l'ingénierie des systèmes de e-learning. A ce niveau se font les choix des modèles pour l'acquisition et la représentation des connaissances ainsi que la conception des interfaces de telle sorte à faciliter l'interopérabilité avec d'autres systèmes en relation avec la plate-forme, la réutilisabilité des modules, l'adaptation aux mutations de l'environnement de la plate-forme, ...

La structure d'une plate-forme de e-learning comporte essentiellement trois acteurs : l'apprenant, l'enseignant et l'administrateur de la plate-forme. Le rôle d'enseignant peut-être subdivisé en enseignant-concepteur, enseignant–formateur (ou enseignant-tuteur), enseignant-correcteur, ... On trouve aussi l'administrateur des matériaux pédagogiques et administrateur de la scolarité comme subdivision pour le rôle d'administrateur. A chaque rôle sont assignés des modules spécifiques pour sa prise en charge.

Les principales fonctionnalités d'une plate-forme sont :

- Création de cours, de tests et de parcours-types,
- Gestion de documents pédagogiques (indexation, classification, mises à jour,...),
- Gestion d'un espace de travail coopératif entre apprenants et/ou entre enseignants,
- Suivi de l'apprentissage de l'apprenant et son évaluation,

---

[1] Appelée aussi LMS pour Learning Management System

- Gestion de la scolarité de l'apprenant,
- Mise à la disposition de l'apprenant d'outils de travail (éditeurs spécifiques, outils de téléchargement, outils de simulation de T.P,...).
- Mise à la disposition des différents acteurs d'outils de communications ainsi que les procédés de leurs gestion (forums, messagerie, chat, visioconférence,...).

Il existe un grand nombre de plates formes d'enseignement à distance sur le marché international, environ plus de 200 dont une trentaine sous licences libres. Parmi les plates-formes sous licence libre (ou licence GPL^2), nous pouvons citer : Claroline^3, Ganesha^4, Moodle^5, ...

Il existe aussi des plates-formes sous licence propriétaire comme : e-doceo^6, myTeacher^7, Blackboard (nouveau nom depuis 2006 de WEBCT)^8, ...

I-2-4- Normalisation dans le domaine de l'e-learning

Les travaux de normalisation dans le domaine des technologies éducatives sont liés principalement aux travaux des organismes suivants : IEEE (Institute of Electrical and Electronics Engineers), IMS (Instructional Management Systems) et d'ARIADNE, ADL (Advanced Distributed Learning), AICC (Aviation Industry CBT Committee) et W3C (World Wide Web Consortium). Essentiellement, deux fonctionnalités font objet de normalisation :

- l'importation et l'intégration de ressources pédagogiques externes dans une plate-forme,
- la réutilisation des cours et des matériaux d'une plate-forme dans une autre.

On notera la différence avec les travaux de normalisation généraux concernant les technologies Internet (menés par W3C) car ces travaux auront un impact essentiel sur la normalisation des technologies éducatives; c'est le cas des normes et protocoles comme :

- XML, norme généraliste de structuration et d'échange de documents sur le Web,
- WebDav, protocole de création collaborative de pages Web,
- SMIL, norme de structuration des documents multimédias,
- CSS, norme définissant des feuilles de style pour les documents HTML.

De même, la stratégie.Net lancée par Microsoft en juillet 2000 qui consiste à utiliser un ensemble de protocole dénommé SOAP (Simple Object Access Protocol) qui définit comment des applications peuvent communiquer sur un réseau aura une influence sur les procédés de normalisation des technologies éducatives.

---

[2] GPL : General Public License
[3] http://claroline.up.univ-mrs.fr/claroline/
[4] http://www.ganesha.fr/
[5] http://moodle.org/
[6] http://www.e-doceo.net/
[7] http://www.cerfi.ch
[8] http://www.blackboard.com/

La normalisation dans le domaine des technologies éducatives est coordonnée depuis 1998, par l'IEEE Learning Technology Standards Committee (LTSC). Ce Comité pour l'élaboration des normes du domaine des technologies éducatives a établi un programme d'action visant à promouvoir des normes, des bonnes pratiques et des guides pratiques facilitant le développement, la maintenance et l'interopérabilité des applications informatiques concernant l'éducation et la formation.

Le LTSC a mis en place une structure qui comprend 20 groupes de travail s'intéressant à différents thèmes tels que :

- architecture et vocabulaire,
- questions intéressant les apprenants (modèle de l'apprenant, modèle de tâches, identification des apprenants, etc.),
- questions relatives au contenu (langages d'interopérabilité, modèle d'organisation interne des cours, etc.),
- signalétique et documentation des objets pédagogiques (matériaux, cours, etc.),
- plates-formes et systèmes de gestion.

Parmi les projets de normalisation des technologies éducatives, on peut citer :

- IMS, Instructional Management Systems qui est porté par le groupement Educause (d'origine américaine) et qui rassemble un nombre important d'entreprises du secteur informatique, de secteur du multimédia de formation, d'organismes de formation et institutions éducatives, d'entreprises en général et d'administrations (plus de 160). IMS a été lancée en 1994 et se propose de développer des standards dans les domaines suivants :

- description des matériaux pédagogiques (catalogués en tant que métadata) pour rendre possible une publication et une recherche sur le Web (et sur tout système d'information),
- interopérabilité de ces matériaux,
- interopérabilité les plates-formes avec les matériaux et les systèmes généraux d'information des établissements d'enseignement pour échanger des informations,
- enregistrement des informations sur les étudiants (diplômes, acquis, etc.),
- échanger de données entre les systèmes d'administration.

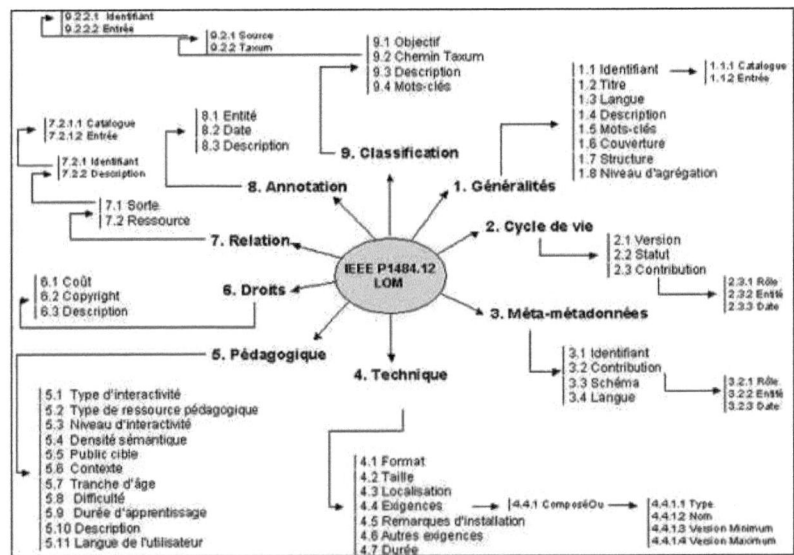

Figure 3. Structure hiérarchique du LOM [Jarraud & La Passardière 04]

Aujourd'hui, IMS a débouché sur le standard LOM (Learning Object Metadata)[9]. La figure 3 présente les principales spécifications proposées par ce standard.

Il existe des adaptations du LOM telle que LOMFR proposé en 2006 par le groupe CN36 de l'AFNOR. [Durand, 06]. LOMFR modifie légèrement la spécification LOM en ajoutant notamment quatre (4) éléments dans la catégorie générale : *Date de référence de la ressource* (date d'un événement particulier sur la ressource : modification, publication, …), *Type de documentaire* (texte, ressource dynamique….),
Activité induite (décrit sommairement l'activité qui va utiliser la ressource : créer, animer, s'auto former….), *Validation des acquis* (permet d'exprimer la quantité d'unité d'enseignement ou de crédit obtenues après avoir atteint des objectifs pédagogiques).

LOMFR induit la notion de validation des acquis pour renseigner le résultat de l'usage de la ressource, mais on n'a pas connaissances des critères de la méthode d'évaluation pour obtenir ce résultat.

- SCORM, Shareable Course Object Reference Model, est également un standard développé à l'initiative du DoD (Department of Defense) des Etats-Unis. Il s'inscrit dans l'éventail des travaux d'IMS. SCORM tente de résoudre trois problèmes :

---

[9] http://ltsc.ieee.org/wg12/files/LOM_1484_12_1_v1_Final_Draft.pdf

- le transfert d'un cours, y compris les informations concernant les étudiants, d'une plate-forme à une autre.
- la création de matériaux " granulaires " utilisables dans des cours différents,
- la recherche informatisée (dans des bases de données, sur Internet) de matériaux et documents pour la formation.

Les moyens envisagés sont la normalisation de la description des matériaux et la normalisation des fonctionnalités d'échange sur les réseaux de ces matériaux. En octobre 2000, ont été défini dans le cadre de SCORM :

- des spécifications permettant de représenter la structure d'un cours,
- des spécifications relatives au lancement des applications supportant ces cours,
- des " metadatas", items de description documentaire.

Les techniques employées sont celles de la normalisation XML (insertion d'étiquettes dans les documents).

Aujourd'hui, différentes plates formes comme Moodle, Claroline, ... exécutent des ressources de type Scorm sous forme de paquetage. Le paquetage, ou la mise en paquets des contenus est effectuée afin de rendre disponible des ressources pédagogiques à l'apprenant, aux LMS ainsi qu'aux créateurs de contenus. C'est un moyen standard (conforme aux spécifications d'IMS) de structuration et d'échange des contenus pédagogiques entre différents systèmes et outils, c'est à dire qu'il permet le transfert de contenus pédagogiques entre les LMSs, les outils de développement et les bases de contenus.

Le Content Package est représenté par un fichier compressé au format ZIP, constitué de deux composants principaux (cf. Figure 4) :

• Un fichier au format XML décrivant la structure du contenu et l'association du contenu aux ressources. Ce fichier est appelé imsmanifest.xml et se situe à la racine du package.

• Les fichiers physiques constituant le Content Package.

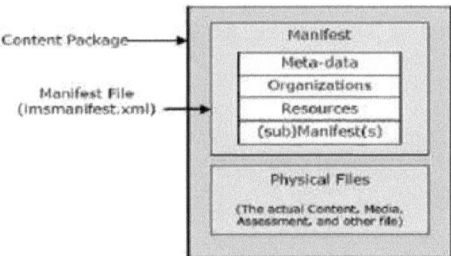

Figure 4. Diagramme conceptuel d'un package [Semeteys, 06]

- On peut également citer la spécification IMS LD, issue des travaux de l'université Ouverte des Pays-Bas portant sur les langages de modélisation de l'apprentissage appelé EML [Pernin 2003] qui est un métalangage de description des modèles ou scénarios pédagogiques (accompagnée des ressources et des services requis pour atteindre un ou plusieurs objectifs d'apprentissage).

- La spécification QTI d'IMS[10] permet quand à elle de représenter la structure de données d'une question (item) et d'un test (assessment) ainsi que les résultats correspondants a particulièrement attirée notre attention vu l'intérêt de cette thèse pour l'évaluation. Cependant, comme l'indique la figure 5 qui schématise les principaux éléments de la version v2.1 de juin 2006, cette spécification est basée sur des tests donc des questionnaires et ne traite pas le cas de questions ouvertes. Cette dernière version n'est donc pas encore finalisée donc reste en développement.

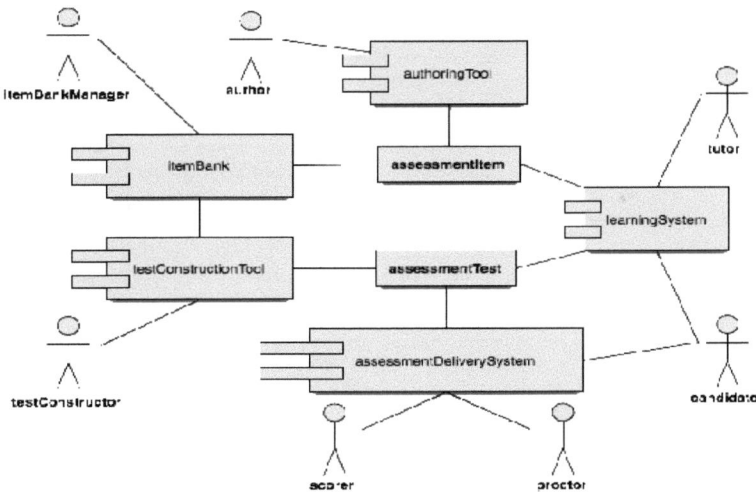

Figure 5. Différents rôles composants IMS QTI[11].

La normalisation dans le domaine des technologies éducatives et Internet a un effet évident sur l'ingénierie des systèmes d'apprentissage. En effet la possibilité d'interopérabilité et l'existence d'une banque de métadata va alléger le développement de ce genre de systèmes et facilitera leur mise à jour pour les adapter à de nouveaux paramètres. Seulement, ces standards doivent couvrir toutes les fonctionnalités de l'apprentissage et un niveau de granularité uniforme qui puisse répondre à l'attente de chaque concepteur. Il est clair que leurs utilisations en

---

[10] http://www.imsproject.org/question/index.html
[11] http://www.imsproject.org/question/qtiv2p1pd2/imsqti_oviewv2p1pd2.html#element10009 IMS Global Learning Consortium de juin 2006

moyennant des outils logiciels adéquats (exemple du standart Scorm avec l'outil OpaleSup 3[12]) va accélérer la production de cours avec d'éventuels questionnaires. Cependant si on veut travailler sur les connaissances d'un domaine d'enseignement avec des procédés plus dynamiques et plus «intelligents » comme c'est le cas de l'évaluation de la progression d'apprenant dans l'apprentissage d'un domaine, quand il y a des questions ouvertes (sans réponses prédéfinies) ou encore la génération adaptée de contenus, nous remarquons vite la limite de ces standards. Ceci étant essentiellement dû au fait que les normes n'ont pas la capacité de modéliser la sémantique d'un domaine qui permettrait des traitements automatiques sur les composantes représentées qui sont dans la majorité des cas des ressources pédagogiques.

I-3- Modélisation de Domaines d'Enseignement dans les EIAH de Type Learning by Doing

L'introduction et l'importance des TIC dans le développement de systèmes EIAH via le Web imposent une vision spécifique sur la représentation des domaines à enseigner. En effet, l'enseignement via le Web impose la distinction entre les connaissances utilisées par les traitements locaux (au niveau du serveur) et les connaissances échangeables qui nécessitent des formats et styles de présentations particuliers. De plus, les traitements sur les connaissances sont devenues des « services Web » ce qui impose une unification structurelles et sémantiques des modèles de domaines car les utilisateurs, en particulier les concepteurs, sont différents (de cultures, de disciplines, de langues, ...).

D'autre part, la tendance actuelle vers des EIAH de type plate formes de e-learning, induit une réflexion sur la modélisation de différents domaines. La solution évidente reste la définition d'une méta-modélisation pour distinguer les connaissances communes (niveau méta) des connaissances spécifiques (niveau intra). Cette distinction de niveaux de connaissances va faciliter la modélisation de domaines (par instanciation), les échanges entre eux et uniformiser leurs présentation et manipulation, en particuliers lorsqu'ils font partie d'un même cursus ou une même plate-forme de e-learning.

Un domaine d'enseignement peut être décomposé en deux principales parties reliées entre elles : la partie concepts et la partie unités de cours [Hatzily & Prentzas 04]. Cependant en e-learning, on trouve plus la notion de « contenu pédagogique » ou d'« objet pédagogique » que la notion de domaine d'enseignement. En fait, la majorité des travaux en e-learning, se sont concentrés sur la partie relative aux unités de cours car on pense beaucoup plus au transfert à distance (via le Web) d'un « cours » ou « brut » de l'enseignant humain vers un apprenant (ce qui se faisait par simple translation du cours en HTML ou autre format lisible par un navigateur). La majorité des outils commercialisés comme CoursGenie[13], EasyGenerator[14], Easyprof[15],...permettent la génération de cours et non la formulation de domaines d'enseignements. En effet, ces outils aident les auteurs de cours pour produire des documents HTML où l'on ne distingue ni les deux parties du domaine cités au début de ce paragraphe ni le contenu et le style de chaque document de cours.

---

[12] Téléchargeable à l'adresse suivante : *http://scenari.utc.fr/scenarisup/co/Telechargement.html*
[13] http://www.coursegenie.com
[14] http://www.easygenerator.com
[15] http://www.easyprof.com

Or le constat dans les sciences de l'éducation révèle des difficultés chez les enseignants humains face aux domaines nécessitant un apprentissage par l'exercice (learning by doing) introduit par John Dewey à la fin du XIXe siècle [Westbrook 93]. En effet ces domaines nécessitent de l'entrainement de la part des apprenants et les enseignants sont sensés avoir la patience de revoir à chaque fois pour corrections les propositions des apprenants, ce qui est une tâche pénible. L'informatique dans ce cas peut jouer un rôle considérable en produisant des systèmes d'auto apprentissage pour ces domaines qu'un apprenant peut utiliser dans une salle de classe en présence de l'enseignant ou via le Web. Pour cela, deux conditions s'imposent pour la modélisation de ces domaines à savoir :

- la prise en compte de la structure du contenu et de la didactique du domaine,
- et l'adéquation de la modélisation avec le processus d'évaluation des connaissances des apprenants pour estimer leurs progressions respectives dans l'apprentissage du domaine.

Cependant, dans la plupart des EIAH de type e-learning, ces deux besoins sont souvent non satisfaits car le domaine à enseigner est réduit au support de cours sans tenir compte de la sémantique contenue dans les liens entre les composantes; ce qui rend impossible la gestion des feedbacks de l'apprenant quand il s'exerce sur le domaine (que nous captons par exemple par l'analyse de ses erreurs).

Parmi les travaux qui touchent à la modélisation du domaine à enseigner en e-learning, nous pouvons citer [Fernandez & al 2004] où l'objectif est la génération automatique de ce que les auteurs appellent les WLMs (*Web-based Learning Materials*) ou matériaux pour l'apprentissage sur le Web à partir de contenus. Un contenu peut être une animation, un son, une question, un exercice, etc. Il a une structure codée en XML et un format de présentation en XSL[16]. D'autre part, le problème présenté et traité dans [Liu & al. 04] concerne l'enchaînement, la granularité et la taxonomie d'objets d'apprentissage pour des soucis de réutilisation. Le contenu dans ce travail est représenté sous forme d'un arbre à quatre niveaux (de haut en bas) : cours, unité, leçon et unité de connaissance.

C'est du côté des travaux sur les tuteurs intelligents que nous trouvons plus d'intérêts pour la modélisation de la structure du domaine comme c'est le cas dans [Suraweera & al. 04]. Mais si la première condition se trouve plus ou moins satisfaite selon les systèmes, la deuxième est rarement respectée.

Nous noterons d'autre part que certains travaux sur les objets pédagogiques comme dans [Xuan & al. 04] utilisent certains schémas prédéfinis pour les métadonnées notamment le standard LOM[17] de l'IEEE LTSC. Seulement les LOMs ont été soumis aux commentaires à l'Iso SC36 WG4 et de nombreuses lacunes ont été montrées en particulier [Saleh & Bouyahi 04] : le manque de définition de la notion d'objet pédagogique, un excès de généricité, incompatibilité avec des représentations structurées de l'information, le manque de pertinences de certains champs, …

La conception de domaines d'enseignements pour les EIAH destinés à un apprentissage par l'exercice, en tenant compte de leurs didactiques respectives, et de

---

[16] XSL : eXtensible Stylesheet Language, une spécification du W3C
[17] LOM : Learning Object Metadata : méta données pour les objets d'apprentissage

l'utilisation éventuelle du Web reste donc au stade de la recherche. Nous noterons que les résultats de telles recherches auront un rôle important pour aboutir à des plates formes de e-learning «intelligentes» intégrant des services aussi complexes que l'évaluation automatisée des connaissances de l'apprenant, l'adaptation et l'adaptabilité, ce sur quoi portent justement les travaux présentés dans cette thèse.

I-4-Evaluation des Apprenants

«L'évaluation dans un contexte d'enseignement a pour fin légitime de contribuer à la réussite de l'enseignement, c'est à dire à la construction de savoirs et compétences par les élèves » [Hadji 97]. L'évaluation est en effet ce qui *« permet aux systèmes d'apprentissage d'avoir une interactivité avec l'apprenant »* [Michel & Rouissi, 03]. Malgré cette importance reconnue, peu de travaux ont directement porté sur la question de l'évaluation de l'apprenant, et en particulier sur le diagnostic des erreurs de celui-ci dans un contexte où il garde l'opportunité de formuler librement et complètement les solutions qu'il propose. De fait, l'évaluation des connaissances et des compétences de l'apprenant en résolution de problèmes demeure un aspect fondamental de tout système de formation [Labat 02], celle-ci servant avant tout à améliorer la formation de l'apprenant, en lui permettant, ainsi qu'à son tuteur humain le cas échéant, de percevoir ses forces et ses faiblesses.

Les travaux qui ont porté sur l'évaluation en tant que partie intégrante du processus d'apprentissage permettent d'introduire une certaine catégorisation pouvant faciliter l'adaptation de l'évaluation aux objectifs recherchés. C'est ce que nous examinons dans ce qui suit, dans le but d'extraire un certain nombre d'aspects fondamentaux relatifs aux processus d'évaluation, aux techniques de diagnostic pouvant y être mises en œuvre, ainsi qu'aux différents types de diagnostics auxquels il est possible d'aboutir selon les cas.

I-4-1- Types d'évaluation

Une évaluation peut être d'un type différent selon le moment où elle est effectuée, et selon l'utilisation qui en est faite ensuite. Nous pouvons ainsi distinguer cinq types d'évaluation, les quatre premiers types étant cités dans [Bisault & Lavarde 95] :

- *l'évaluation pronostique* consiste à déterminer si l'apprenant sera apte ou non à suivre un cursus scolaire déterminé, un exemple approprié pourrait en être un concours d'entrée dans un établissement,

- *l'évaluation diagnostique* repère les difficultés particulières à un apprenant ou à un groupe d'apprenants, ce qui se rencontre particulièrement dans les tests proposés aux élèves en difficulté dans des établissements spécialisés,

- *l'évaluation formative,* par contre, n'est pas utilisée pour porter un jugement sur l'élève mais pour que l'enseignant puisse adapter son cours, ou adopter une autre approche par rapport au contenu d'enseignement qu'il souhaite transmettre en fonction de résultats qu'il obtient en termes d'acquisition appropriée des connaissances par les élèves,

- *l'évaluation sommative*, qui est le type d'évaluation le plus fréquemment rencontré, correspond à l'évaluation d'un apprentissage précis de l'élève. Il s'agit typiquement d'un contrôle de connaissances dont le résultat se matérialise par une note, une qualification, le passage dans la classe supérieure, etc. Ce type d'évaluation correspond donc plus à un inventaire des compétences acquises après un apprentissage qu'elle a pour but de sanctionner,

- Enfin, pour être le plus complet sur ce point, et bien qu'il s'agisse là d'une catégorisation différente, nous avons *l'auto-évaluation*, correspondant aux cas où l'apprenant (qui est généralement un adulte) définit lui-même ses objectifs et ses normes a priori, pour pouvoir procéder à l'évaluation du travail accompli [Ellis 07].

Dans le contexte de l'auto-apprentissage auquel nous nous intéressons dans cette thèse, il s'agit de réfléchir une combinaison rendant possible une évaluation sommative et formative (calculs de notes et « inventaire » des compétences acquises) sans exclure la possibilité d'une évaluation pronostique (pour les sessions initiales des nouveaux apprenants) et l'évaluation diagnostique pour une éventuelle recherche d'une difficulté particulière relative à un élément du domaine à enseigner. Il convient toutefois de relever que quelle qu'en soit l'appellation, tous les types d'évaluation correspondent de fait à une approche diagnostique dont le résultat est une appréciation quantitative et/ou qualitative de l'atteinte des objectifs d'un ou plusieurs intervenants au sein du processus observé. S'agissant plus précisément d'un processus de formation matérialisé par l'échange formateur-apprenant via un outil automatisé, on peut rencontrer différents types et techniques de diagnostic, dont les principaux, relatifs aux cas d'analyse de solutions librement construites par l'apprenant, font l'objet des deux sections suivantes de ce paragraphe.

I-4-2 Types de diagnostic

Dans un EIAH destiné à l'auto apprentissage, le diagnostic est défini comme étant le processus assuré par un module automatisé permettant d'analyser et/ou de détecter les erreurs éventuelles dans le comportement et/ou les réponses des apprenants. Selon que l'analyse porte sur le comportement ou les réponses, on distingue dans [Wenger 87] les deux types de diagnostics suivants :

- *le diagnostic comportemental* porte sur le comportement de l'apprenant dans l'utilisation du logiciel, observé par le logiciel lui-même. Le diagnostic est effectué en étudiant les actions de l'apprenant au niveau de l'interface. On retrouve ce type de diagnostic dans le système ROBOTEACH [Després & Leroux 97] et dans [Baker & al 04] par exemple,
- *le diagnostic cognitif*, ou *diagnostic des connaissances*, cherche à identifier les connaissances des apprenants portées dans un modèle de l'apprenant. Dans ce cas, on cherche à détecter ce que l'apprenant a acquis (ou n'a pas acquis) par analyse et correction de ses solutions. C'est ce que nous retrouvons par exemple dans PEPITE [Jean 00] et [Horacek & Wolska 06].

Pour ce qui nous concerne, nous nous intéressons à ce dernier type de diagnostic, dans la mesure où il s'agit pour nous de traiter un certain nombre d'informations qui permettent d'aboutir à une estimation du degré d'acquisition des connaissances du domaine par les apprenants.

I-4-3-. Techniques de diagnostic

L'utilisation des QCM[18], même si elle introduit une commodité dans un processus d'évaluation, par la réduction des réponses à une dichotomie « juste/faux », suivie d'une sommation de points, ne peut évidemment pas être appropriée pour répondre aux besoins d'évaluation générés par l'utilisation de systèmes de formation complexes. En effet, un QCM est une série de questions auxquelles l'étudiant répond en opérant une sélection (au moins) parmi plusieurs solutions proposées, chacune étant jugée (par le constructeur de l'épreuve et par un consensus entre spécialistes) correcte ou incorrecte indépendamment de l'apprenant qui doit y répondre. Les QCM sont donc des questions à choix de réponse où l'apprenant n'a pas à concevoir sa propre réponse, mais se contente de choisir une possibilité de réponse parmi les alternatives proposées. Ainsi, dans leur conception classique, les QCM s'inscrivent dans le cadre d'une évaluation sommative globale qui n'informe pas sur les processus cognitifs de l'apprenant et ne permet donc pas un diagnostic fin des compétences et connaissances de celui-ci. Éventuellement adaptée, de manière relative, à une sélection de fin de cursus, cette évaluation est sans doute insuffisante s'agissant de l'accompagnement d'une formation.

C'est la principale raison pour laquelle nous nous intéressons à des procédés plus sophistiqués, tels que ceux consistant à corriger des réponses librement rédigées par l'apprenant à des questions ouvertes. Une question ouverte peut être définie comme étant une question pour la résolution de laquelle aucune aide pour sa résolution en dehors de son énoncé n'est proposée et pour laquelle plusieurs solutions sont à priori possibles. A priori, la réponse à une question ouverte n'est pas donnée dans l'énoncé de la question, néanmoins, le fait de donner, dans le texte, la réponse à la question posée ne « ferme » pas forcément cette question, dans le cas où aucune approche n'est proposée.

La pratique de questions ouvertes en formation a pour but essentiel de favoriser la prise d'initiative et la démarche de recherche des apprenants. La pratique, en formation, de la résolution de questions ouvertes, voire de problèmes ouverts, est indispensable à l'acquisition, par les apprenants, du sens même de la démarche de recherche, mobiliser les connaissances acquises, faire travailler son imagination, formuler des hypothèses et mettre en place des méthodes de validation, enchaîner les étapes d'un raisonnement, mettre en forme une démonstration, ... De plus, cette pratique donne aux apprenants le goût de la recherche, développe leur motivation par le plaisir que ces recherches leurs procurent. Dans la suite de ce rapport, nous distinguons la question ouverte par le concept d'*exercice* de la question « fermé » que nous appellerons simplement question et qui peut référencer, en plus du QCM d'autres type de question avec indications ou aide de réponse comme la *question à trou, question Vrai/Faux,...*

---

[18] QCM : Questionnaire à Choix Multiples

La bibliographie dans le domaine de recherche d'automatisation du diagnostic des erreurs dans les réponses d'apprenants aux questions ouvertes (exercices) indique plusieurs techniques utilisées soit séparément ou combinées dans un même système. Dans [Bouarab-Dahmani 2000], une synthèse relative à une sélection de systèmes intelligents pour l'enseignement de la programmation a été présentée avec quelques techniques utilisées dans ce domaine. Cette synthèse a été généralisée, complétée et actualisée et nous retenons l'ensemble des techniques suivantes :

- *La définition de plans pour chaque solution possible.* Ceux-ci sont utilisés lors du diagnostic où la solution de l'élève est comparée à ces plans. Selon les systèmes et les domaines, les plans sont combinés à d'autres techniques spécifiques, par exemple : dans Proust [Johnson 86], un système destiné pour l'enseignement de la programmation Pascal, des buts et des règles de prédiction des « intentions du programmeur » sont définis en plus des plans. Dans les travaux de D. Py [Py 01] relatifs à l'enseignement de la géométrie, des programmes d'«analyse d'actions élémentaires » complète le diagnostic par les plans, …
Les plans sont particulièrement intéressants pour l'analyse de l'enchaînement d'étapes dans une solution donc pour la détection d'une certaines catégorie d'erreurs sémantiques. Cependant quand ils sont le pivot de la technique de diagnostic, la variabilité des solutions possibles rend d'une part la construction des plans fastidieuse, d'autre part quand la solution ne ressemble à aucun plan, les erreurs détectées ne sont plus significatives. Pour cela, à ce stade de nos recherches, nous avons écarté l'utilisation des plans de notre processus d'évaluation.

- *L'utilisation de bases de règles :* Nous retrouvons le cas de base de règles justes ou fausses comme dans Lisp Tutor [Anderson & Reiser 85] et le système LMS [Sleeman & Smith 81]), ou le cas de règles de transformation comme dans [Nicaud & al. 06].
Les cas les plus courants et les plus efficaces pour l'utilisation de base de régles sont les domaines ou les solutions sont présentées sous forme de raisonnement donc qui se prêtent à une formulation sous forme de règles comme les mathématiques par exemple, ce qui n'est pas le cas de beaucoup de domaine (comme l'algorithmique, les langues,…) donc une approche de diagnostic fondée sur cette technique est à priori difficile à généraliser. Or, parmi les objectifs de base de nos recherches est l'auto-apprentissage de plusieurs domaines, ce qui rend la technique à base de règles inadéquate pour notre approche d'évaluation.

- *La construction de grammaires :* Dans ce cas, les grammaires servent de base pour l'analyse des solutions des apprenants. Cela ressemble à l'analyse syntaxique des langages naturels. Nous retrouvons cette technique surtout dans les systèmes destinés à l'apprentissage des langues comme dans [Ruth 73], [Goldstein & Miller 76], [L'haire & Faltin 03], …
Il est clair qu'en dehors des aspects lexico-syntaxiques (quand la solution est textuelle), l'expression d'un domaine à l'aide de productions d'une grammaire reste très rigide en particulier les aspects sémantiques, c'est pour cela que dans notre cas nous limitons l'utilisation de grammaires à l'analyse lexico-syntaxique de textes de solutions.

- *La spécification d'erreurs* : Il est évident que toute technique de diagnostic a pour fin la recherche d'erreurs éventuelles. Alors, dans certains travaux de recherche récents comme [Horacek & Volska 06], il y a émergence d'approches basées sur la spécification et/ou la classification d'erreurs. Le diagnostic dans ce cas consiste à rechercher ces erreurs dans les solutions des apprenants.

En fait ce genre d'approches reprennent l'idée «pédagogique» déjà utilisée dans le système Buggy [Brown et Burton 78] et ses dérivés (Debuggy et Idebuggy) qui stipule qu'une erreur trouvée dans une solution d'un apprenant est en général un indice de mauvaise compréhension du domaine d'enseignement et une connaissance de plus sur l'apprenant. Ceci défini à priori un lien systématique entre les erreurs et les composantes du domaine ainsi que d'autres considérations que nous exploitons dans le processus d'évaluation proposé dans cette thèse.

Conclusion

Nous pouvons déduire de la précédente étude que la conception de domaines d'enseignement ainsi que celles de certaines activités d'apprentissage, basiques pour un apprentissage par l'exercice telle que l'évaluation des connaissances des apprenants est une problématique peu abordée en particulier quand il y a lieu d'utiliser lors de l'apprentissage des questions ouvertes pour lesquelles l'apprenant construit des réponses libres. L'utilisation des ontologies semble donc être une direction de recherche intéressante qui pourra sensiblement contribuer au développement de l'auto-apprentissage avec les EIAH. En effet la représentation d'un domaine d'enseignement sous forme d'un modèle ontologique va permettre de dégager la sémantique d'un domaine pour un apprentissage par l'exercice et facilitera à priori toute opération sur ce domaine. C'est ce concept que nous nous proposons d'examiner d'une façon plus précise dans le chapitre suivant.

CHAPITRE II

Les Ontologies

Introduction

Les ontologies sont à l'heure actuelle parmi les modèles les plus évoqués en Ingénierie des Connaissances (IC). Visant à établir des représentations à travers lesquelles les machines puissent manipuler la sémantique des informations, la construction des ontologies demande à la fois une étude des connaissances humaines et la définition de langages de représentation, ainsi que la réalisation de systèmes pour les manipuler. Les ontologies participent donc pleinement aux dimensions scientifique et technique de l'Intelligence Artificielle (IA).

Au fur et à mesure des expérimentations, des méthodologies de construction d'ontologies et des outils de développement adéquats sont apparus. Emergeant des pratiques artisanales initiales, une véritable ingénierie se constitue autour des ontologies, ayant pour but leur construction et leur gestion tout au long d'un cycle de vie. Le champ d'application des ontologies ne cesse de s'élargir et couvre les systèmes conseillers (systèmes d'aide à la décision, systèmes d'enseignement assisté par ordinateur), les systèmes de résolution de problèmes ou les systèmes de gestion de connaissances. Un des plus grands projets basés sur l'utilisation d'ontologies consiste à ajouter au Web une véritable couche de connaissances permettant, dans un premier temps, des recherches d'informations au niveau sémantique et non plus simplement syntaxique. L'enjeu de l'effort engagé est de rendre les machines suffisamment sophistiquées pour qu'elles puissent intégrer le sens des informations, qu'à l'heure actuelle, elles ne font que manipuler formellement.

Dans nos travaux, nous nous intéressons aux ontologies appliquées aux EIAH. Ce chapitre présente donc la notion d'ontologie à travers les besoins auxquels elle répond dans notre contexte, la place qu'occupent les ontologies dans le processus de représentation des connaissances et les différents éléments dont elles sont constituées. Une deuxième partie de ce chapitre est consacrée aux différentes méthodologies développées pour construire, évaluer et maintenir les ontologies ainsi que les principaux langages et outils correspondants. Nous examinons pour finir l'application des ontologies au domaine des EIAH à travers des exemples.

II-1- Notion d'Ontologie

Avant son introduction en Intelligence Artificielle (IA), le terme d'ontologie était déjà utilisé en philosophie depuis le XIXième siècle. Dans ce domaine, l'Ontologie désigne l'étude de ce qui existe, c'est à dire l'ensemble des connaissances que l'on a sur le monde. En IA, de façon moins ambitieuse, on ne considère que des ontologies, relatives aux différents domaines de connaissances. C'est à l'occasion de l'émergence de l'ingénierie des connaissances que les ontologies sont apparues en IA. L'ingénierie des connaissances (IC) est une branche de l'IA issue de l'étude des Systèmes Experts (SE). Si ces derniers n'avaient pour objet que la résolution automatique de problèmes, les Systèmes à Base de Connaissances (SBC) qui leur ont succédé sont censés permettre le stockage et la consultation de connaissances, le raisonnement automatique sur les connaissances stockées (sans préjugé sur le type de raisonnement à mener), la modification des connaissances stockées (ajout ou suppression de connaissances), et, avec le développement des réseaux, le partage de connaissances entre systèmes informatiques. De manière générale, il s'agit plus de faire manipuler les connaissances à la machine, qui restitue à la fin la solution du problème, en permettant un dialogue et une coopération entre le système et l'utilisateur humain (comme c'est le cas avec les EIAH, les systèmes d'aide à la décision et les systèmes de recherche d'information sur le web). Plus précisément, les représentations symboliques utilisées dans les machines doivent avoir du sens aussi bien pour la machine que pour les utilisateurs. Le « sens » est, dans le cas des SBC, essentiellement défini par les liens entre les connaissances eux même représentés comme des connaissances.

Pour cela, la représentation des connaissances sous forme de règles logiques, utilisée dans les Systèmes Experts, ne suffit plus. Pour modéliser la richesse sémantique des connaissances, de nouveaux formalismes sont introduits, qui représentent les connaissances au niveau *conceptuel*, y compris la « structure cognitive » d'un domaine.

« *Most KR formalisms differ from pure first-order logic in their structuring power, i.e. their ability to make evident the structure of a domain* » [Guarino 94]. Les langages à base de frames, les logiques de descriptions et les graphes conceptuels sont des exemples de tels formalismes. Ces langages permettent de représenter les concepts sous jacents à un domaine de connaissance, les relations qui les lient, et la sémantique de ces relations, indépendamment de l'usage que l'on souhaite faire de ces connaissances. Ainsi, une même base de connaissance peut être utilisée en consultation ou comme base de raisonnement.

Toutefois, il convient de souligner que la conceptualisation d'un domaine de connaissance ne peut se faire de manière non ambiguë que dans un contexte d'usage précis. Par exemple, un même terme peut désigner deux concepts différents dans deux contextes d'usage différents [Bachimont 00]. On ne peut donc mener de façon totalement indépendante la représentation des connaissances d'un domaine et la modélisation des traitements que l'on souhaite leur appliquer. En d'autres termes, modéliser des connaissances ne peut se faire que dans un domaine de connaissance donné, et pour un but donné, condition nécessaire à l'unicité de la sémantique associée aux termes du domaine.

Certains auteurs estiment cependant que les ontologies sont, par nature, destinées à être réutilisées [Fernandez & al. 97], et s'attachent à construire des ontologies dont la sémantique soit indépendante de tout objectif opérationnel. De plus, il ne faut pas oublier que l'ordinateur ne manipule que des symboles, il n'est qu'un médiateur de connaissances, à l'instar d'un livre, et la sémantique des représentations symboliques manipulées n'est construite que par les utilisateurs de l'ordinateur [Bachimont 99].

Cette sémantique est cependant fortement contrainte par la façon dont les symboles sont utilisés dans la machine. C'est pourquoi N. Guarino plaide dans [Guarino & al. 94b] pour l'introduction d'un niveau ontologique entre le niveau conceptuel (où l'interprétation est subjective, comme au niveau linguistique), et le niveau épistémologique, structuré (où l'interprétation est arbitraire). Au niveau ontologique, les primitives utilisées pour représenter les connaissances ne sont plus des mots du langage naturel, ou des primitives conceptuelles, et pas encore des prédicats logiques, mais des énoncés qui donnent le sens des connaissances, avec une interprétation contrainte. Fortement liée à la sémantique interprétative, la sémantique de l'ontologie est, idéalement, indépendante de la sémantique opérationnelle, mais cependant partiellement contrainte par cette dernière.

Les ontologies sont donc des représentations de connaissances, contenant des termes et des énoncés qui spécifient la sémantique d'un domaine de connaissance donné dans un cadre opérationnel donné. Le terme « ingénierie ontologique » a été proposé par R. Mizoguchi [Mizoguchi & Ikeda 97] pour désigner un nouveau champ de recherche ayant pour but la construction de systèmes informatiques tournés vers le contenu, et non plus vers les mécanismes de manipulation de l'information.

Avant de décrire plus précisément les éléments conceptuels représentés dans les ontologies, nous allons affiner la définition d'une ontologie en replaçant cette notion au sein du processus général de représentation des connaissances.

II-2- Les Ontologies et Représentation des Connaissances

Utilisées pour le besoin de représentation de connaissances dans les systèmes informatiques, les ontologies sont définies en se basant sur la proposition suivante de T. Gruber, *« une ontologie est une spécification explicite d'une conceptualisation »* [Gruber 93].
La construction d'une ontologie n'intervient donc qu'après une étape de conceptualisation qui consiste à identifier, au sein d'un corpus, les connaissances spécifiques au domaine de connaissances à représenter. *« A conceptualisation is an abstract, simplified view of the world that we wish to represent for some purpose »* [Gruber 93].

N. Guarino affine la définition de T. Gruber en considérant les ontologies comme des spécifications partielles et formelles d'une conceptualisation [Guarino & Giaretta 95]. Les ontologies sont formelles car exprimées sous forme logique, et partielles car une conceptualisation ne peut pas toujours être entièrement formalisée dans un cadre logique à cause des limites des langages logiques à exprimer certaines sémantiques conçues dans l'ontologie.

Il est donc nécessaire de pouvoir construire une première modélisation semi-formelle, partiellement cohérente, correspondant à une conceptualisation semi-formalisée. On parle alors d'*ontologie conceptuelle*, semi-formelle, et le processus de spécification en question est appelé *ontologisation* [Kassel & al. 00]. Dans tous les cas, il est nécessaire de traduire cette ontologie dans un langage formel et opérationnel de représentation de connaissances afin de pouvoir l'utiliser dans une machine. Le langage cible doit donc permettre de représenter les différents types de connaissances (connaissances terminologiques, faits, règles et contraintes) et de manipuler ces connaissances à travers des mécanismes adaptés à l'objectif opérationnel du système conçu. Ce processus de traduction est appelé *opérationnalisation*. Une *base de connaissances* contient les connaissances utilisées dans un *Système à Base de Connaissances*. Ces connaissances sont formalisées et des mécanismes permettent de gérer la base pour consulter des connaissances ou en ajouter.

En somme, l'ontologie est un système de termes primitifs utilisés dans la construction de systèmes artificiels ou une "*métabase de connaissance*" [Bourdeau & Mizoguchi 02]. En ce sens, l'ontologie est un type particulier de modèle de connaissances [Paquette 02] permettant de construire une ou plusieurs bases de connaissances du même type.

II-3- Les Constituants d'une Ontologie

Les connaissances traduites par une ontologie sont à véhiculer à l'aide des cinq éléments suivants [Gómez & Pérez 99] : 1) *Concepts*; 2) *Relations* ; 3) *Fonctions* ; 4) *Axiomes*; 5) *Instances*.

- Les **concepts**, aussi appelés termes ou classes de l'ontologie, correspondent aux abstractions *pertinentes* d'un segment de la réalité (le domaine du problème considéré), retenues en fonction des objectifs qu'on se donne et de l'application envisagée pour l'ontologie. Selon [Gómez & Pérez 99], ces concepts peuvent être classifiés selon plusieurs dimensions : 1) *niveau d'abstraction* (concret ou abstrait) ; 2) *atomicité* (élémentaire ou composée) ; 3) *niveau de* réalité (réel ou fictif). Différents auteurs conviennent qu'un concept peut être représenté par différents termes.

- Les **relations** ou **liens** traduisent les associations (pertinentes) existant entre les concepts présents dans le segment analysé de la réalité. Ces relations incluent les associations suivantes: 1) Sous-classe-de (généralisation – spécialisation souvent appelé lien *is a*) ; 2) Partie-de (agrégation ou composition) ; 3) Associée-à ; 4) Instance de, etc. Ces relations nous permettent d'apercevoir la structuration et l'interrelation des concepts, les uns par rapport aux autres.

    Les relations *taxonomiques* ou de *subsomption,* à priori, vont permettre de construire des hiérarchies strictes entre les concepts. Pour cela dans les différents travaux sur les ontologies, seule la relation *is a* est généralement citée de taxonomique ou de subsomption. Cependant dans certains cas particuliers d'ontologies, d'autres relations peuvent être taxonomiques, c'est le cas de la relation de composition (*part of*), quand elle définit une hiérarchie stricte.

- Les **fonctions** constituent des cas particuliers de relations, dans laquelle un élément de la relation, le nième (extrant) est défini en fonction des n-1 éléments précédents (intrants). Nous notons néanmoins que ce constituant d'ontologie est rarement évoqué dans la description d'ontologies. Nous pensons que cela est du au fait que les relations «fonctionnelles» entre concepts sont plutôt présentes dans certains domaines scientifiques comme la physique, la chimie, ...

- **Les axiomes** ou **règles d'inférence** permettant de définir certaines propriétés des relations sous forme d'assertions, acceptées comme vraies, à propos des abstractions du domaine traduites par l'ontologie. Les axiomes représentent les intensions des concepts et des relations du domaine et, de manière générale, les connaissances n'ayant pas un caractère strictement terminologique [Staab & Maedche 00]. Ils spécifient la façon dont les primitives terminologiques du domaine (i.e. les concepts et relations) peuvent être utilisées. Ces axiomes sont spécifiques aux ontologies et les distinguent des thesaurus, qui ne représentent que des terminologies alors que les ontologies intègrent des connaissances au sens large.

Certains axiomes se retrouvent dans de nombreuses ontologies et/ou sont communs à de nombreuses primitives de l'ontologie. On appelle ici ces axiomes particuliers des schémas d'axiome. Ces schémas d'axiomes, peuvent être :

– les propriétés algébriques d'une relation (symétrie, réflexivité, transitivité);
– la propriété de subsomption entre concepts ou entre relations (relation *is a*);
– la cardinalité d'une relation;
– ...

Certains schémas d'axiomes sont intégrés dans les formalismes de représentation de connaissances utilisés pour décrire des ontologies. Par exemple, la relation *is a* apparaît bien dans les formalismes de type Entité-Relation et Graphes Conceptuels.

Des propriétés propres au domaine de connaissances considéré peuvent également apparaître et être incluses dans l'ontologie. Par exemple, dans le domaine de l'apprentissage, l'axiome : *un exercice évalue deux ou plusieurs notions* est une propriété de cardinalité de la relation entre le concept exercice et le concept notion (représenté par les formalismes du genre entité _association ou UML). Par contre, l'axiome «Si un exercice EX évalue un item de connaissance KI et si l'erreur R est possible sur KI alors R est possible sur EX » ne relève pas d'un schéma d'axiome au sens donné plus haut car c'est une règle que les formalismes graphiques expriment rarement mais qui doit être incluse dans l'ontologie sous forme d'un axiome car il participe à la définition de la sémantique du domaine.

- Les **instances** constituent la définition extensionnelle de l'ontologie; ces objets véhiculent les connaissances (statiques, factuelles) à propos du domaine du problème.

II-4- Typologie Selon l'Objet de Conceptualisation

Les ontologies classifiées selon leur objet de conceptualisation par différentes références bibliographiques notamment : [Gómez &Pérez 99b], [Guarino 97b], [Mizoguchi 98], ..., le sont de la façon suivante : 1) Représentation des connaissances; 2) Supérieure/ Haut niveau; 3) Générique ; 4) Domaine ; 5) Tâche; 6) Application.

- **Ontologie de représentation des connaissances** [Gómez & Pérez 99a], [Van Heijst & al. 97] ce type d'ontologies regroupe les concepts (primitives de représentation) impliqués dans la formalisation des connaissances. Un exemple est l'*ontologie de Frame* qui intègre les primitives de représentation des langages à base de *frames* : classes, instances, facettes, propriétés/*slots*, relations, restrictions, valeurs permises, etc.

- **Ontologie supérieure ou de Haut niveau** [Guarino 97a], [Sowa 95a], [Sowa 95b]. Cette ontologie est une ontologie générale. Son sujet est l'étude des catégories des choses qui existent dans le monde, soit les concepts de haute abstraction tels que: les entités, les événements, les états, les processus, les actions, le temps, l'espace, les relations, les propriétés. L'ontologie de haut niveau est fondée sur : la théorie de l'identité et la théorie de la dépendance. Guarino et Sowa ont poursuivi chacun indépendamment des recherches sur la théorie de l'ontologie. Tous deux intègrent les fondements philosophiques comme étant des principes à suivre pour concevoir l'ontologie de haut niveau ou supérieure. Sowa introduit deux concepts importants, *Continuant* et *Occurrent*, et obtient douze catégories supérieures en combinant sept propriétés primitives. L'ontologie supérieure de Guarino consiste en deux mondes : une ontologie des *Particuliers* (choses qui existent dans le monde) et une ontologie des *Universels* comprenant les concepts nécessaires à décrire les Particuliers. La conformité aux principes de l'ontologie supérieure a son importance, lorsque le but est de standariser la conception des ontologies.

- **Ontologie Générique** [Gómez & Pérez 99b], [Gómez & Pérez 99a], [Van Heijst & al. 97]. Cette ontologie aussi appelée, méta-ontologies ou *core ontologies*, véhicule des connaissances génériques moins abstraites que celles véhiculées par l'ontologie de haut niveau, mais assez générales néanmoins pour être réutilisées à travers différents domaines. Elle peut adresser des connaissances factuelles (*Generic domain ontoloy*) ou encore des connaissances visant à résoudre des problèmes génériques (connaissances procédurales) appartenant à ou réutilisables à travers différents domaines (*Generic task ontoloy*). WordNet [Miller 88] par exemple est une ontologie dont le but est de représenter la langue naturelle anglaise. WordNet est un système de références lexicales dont la conception a été inspirée par les théories de la mémoire linguistique humaine. Elle est composée d'ensembles de synonymes appelés synsets, où chaque terme est regroupé en classes d'équivalence sémantique. Chaque ensemble de synonymes représente un concept particulier. Chaque terme appartient de plus à une catégorie lexicale donnée (nom, verbe, adverbe, adjectif). Un terme peut appartenir à plusieurs synsets et à plusieurs catégories lexicales. Les ensembles de synonymes sont associés par des relations sémantiques : généricité/spécificité, antonymie (relation entre ensembles de mots qui, par leur sens, s'opposent). WordNet couvre le domaine de la langue générale en intégrant le sens des mots dans différents domaines.

- **Ontologie du Domaine** [Mizoguchi & al.00]. Cette ontologie régit un ensemble de vocabulaires et de concepts qui décrit un domaine d'application ou monde cible. Elle permet de créer des modèles d'objets du monde cible. L'ontologie du domaine est une méta-description d'une représentation des connaissances, c'est-à-dire une sorte de méta-modèle de connaissance dont les concepts et propriétés sont de type déclaratif. La plupart des ontologies existantes sont des ontologies du domaine. Selon Mizoguchi, l'ontologie du domaine caractérise la connaissance du domaine où la tâche est réalisée. Dans le contexte de la formation, un domaine serait par exemple : la pédagogie.

- **Ontologie de Tâches** [Mizoguchi & al.00]. Ce type d'ontologies est utilisé pour conceptualiser des tâches spécifiques dans les systèmes, telles que les tâches de diagnostic, de planification, de conception, de configuration, de tutorat, soit tout ce qui concerne la résolution de problèmes. Elle régit un ensemble de vocabulaires et de concepts qui décrit une structure de résolution des problèmes inhérente aux tâches et indépendante du domaine. Selon [Mizoguchi & al.00], l'ontologie de tâche caractérise l'architecture computationnelle d'un système à base de connaissances qui réalise une tâche. Deux exemples d'utilisation de l'ontologie de tâche dans le domaine de l'éducation sont les suivants : 1) l'ontologie de formation par ordinateur - *Computer Based Training Ontology* [Jin & al. 99] - qui régit un ensemble de concepts spécifiques à un système d'apprentissage inhérent à des ontologies de tâche ; et 2) l'ontologie des objectifs d'apprentissage - *Learning Goal Ontology* [Inaba & al.00] - qui décrit les rôles des apprenants et des agents dans le cadre d'un apprentissage collaboratif.

- **Ontologie d'Application.** Cette ontologie est la plus spécifique. Les concepts dans l'ontologie d'application correspondent souvent aux rôles joués par les entités du domaine tout en exécutant une certaine activité [Maedche 02]. Par exemple on a l'ontologie d'application pour l'apprentissage des statistiques, ou encore pour effectuer des recherches dans le domaine de l'astronomie, etc. Ce type d'ontologie est rarement réutilisable du fait qu'il est spécifique à une tâche donnée d'un domaine spécifique.

II-5- Langages et Outils pour les Ontologies

Au fil des années, l'utilisation des ontologies en ingénierie des connaissances a connu différents langages et outils. Nous rencontrons essentiellement des langages de représentation d'ontologies conceptuelles, des langages de représentation d'ontologies opérationnelles ou formelles et des outils d'éditions et de visualisation.

II-5-1. Les Langages

Une des principales décisions à prendre dans le procédé de développement d'ontologies consiste à choisir le langage (ou l'ensemble des langages) dans lesquels l'ontologie sera exprimée et utilisée. L'ingénierie des connaissances a les exigences suivantes concernant ces langages [Baneyx 07] :

- la lisibilité : le langage doit être compréhensible pour un utilisateur humain et doit donc avoir une certaine continuité avec le langage naturel ;
- la portabilité : le langage choisi doit être le plus standard possible pour pouvoir être réutilisé dans d'autres systèmes et
- la possibilité de faire des inférences : le langage doit permettre le traitement informatique des données en vue de calculer les déductions logiques possibles.

Les langages conceptuels des ontologies ont successivement évolué des moyens de représentation utilisés par les systèmes à base de connaissances comme les représentations logiques, les réseaux sémantiques, les langages à objets, le langage UML et les représentations hybrides vers les langages du Web sémantique tels que les graphes conceptuels et les logiques de description.

D'un point de vue opérationnel, on

peut bâtir une ontologie grâce aux langages de programmation logique classique tels que Prolog et Lisp. Mais, plus souvent, on utilise des modèles et langages spécialisés pour la construction d'ontologies tels que OKBC (Open Knowledge base Connectivity)[1] et KIF (Knowledge Interchange format)[2]. On peut également utiliser des langages plus avancés tel que DAML+OIL[3] ou les standards qui en émergé auprès du W3C et qui sont utilisés par le Web sémantique tels que XML, RDF, RDFS et OWL (Ontology Web Language). Le choix du bon langage de développement dépend notamment du degré de nuance et de sophistication nécessaire pour répondre au besoin fonctionnel. De plus en plus, ces langages tendent à intégrer RDF comme technologie fondamentale pour intégrer les données présentes sur le Web.

II-5-2 Les outils d'édition

De nombreux outils de construction d'ontologies (édition et visualisation) utilisent des formalismes variés et offrent différentes fonctionnalités. Tous ces outils offrent des supports pour le processus de création d'ontologies, mais peu offrent une aide à la conceptualisation. Parmi ces outils, nous citons les trois suivants :

- DOE (Differential Ontology Editor)[4] offre la possibilité de construire les hiérarchies de concepts et relations en utilisant les principes différentiels énoncés par B. Bachimont, puis en ajoutant les concepts référentiels. La sémantique des relations est ensuite précisée par des contraintes. Ce n'est

---

[1] http://www.ai.sri.com/~stickel/snark.html
[2] Knowledge Interchange Format draft proposed American National Standard: http://logic.stanford.edu/kif/dpans.html
[3] http://www.daml.org
[4] DOE. (2002). Differential Ontology Editor Home Page, http ://opales.ina.fr/public

qu'une fois l'ontologie ainsi structurée qu'elle est formalisée en utilisant la syntaxe XML.

- PROTEGE 2000[5] est une interface modulaire permettant l'édition, la visualisation, le contrôle (vérification des contraintes) d'ontologies, et la fusion semi-automatique d'ontologies. Le modèle de connaissances sous-jacent à PROTEGE-2000 est issu du modèle de frames et contient des classes (concepts), des slots (propriétés) et des facettes (valeurs des propriétés et contraintes), ainsi que des instances de classes et des propriétés. Il autorise la définition de méta-classes, dont les instances sont des classes, ce qui permet de créer son propre modèle de connaissances avant de bâtir une ontologie.

- Ontolingua[6] est un serveur localisé à l'Université de Stanford qui permet à un utilisateur, ou groupe d'utilisateurs, de visualiser des ontologies existantes et de construire coopérativement de nouvelles ontologies. L'accès au serveur s'effectue au moyen d'un browser Web standard. Plusieurs fonctionnalités sont offertes : la réutilisation (par fusion et/ou extension) d'ontologies existantes dans différents domaines, stockées dans une bibliothèque ; une aide au travail coopératif permettant à un groupe géographiquement distribué de construire collaborativement une ontologie ; l'exportation d'ontologies dans différents formats pour utilisation dans des applications ; ...

II-6- Les Ontologies et les EIAH

Le rôle de l'informatique cognitive dans la conception des EIAH n'est plus à démontrer et les équipes de recherche poursuivent leurs efforts dans le but d'augmenter ou d'enrichir l'intelligence dans ces environnements, ainsi que la qualité du processus de conception-développement.

De façon générale, l'apport spécifique de l'ingénierie ontologique pour les EIAH serait la représentation formelle de connaissances déclaratives, couplée à un mécanisme d'inférence exploitable par ces environnements [Psych & al. 03]. La construction d'une ontologie se fait par la voie d'un *consensus*, et représente ainsi la compréhension partagée a priori d'un groupe ou d'une communauté, au lieu, comme c'est le cas dans la plupart des systèmes, de reposer sur une signification donnée relativement à un besoin auquel, les autres possibles utilisations, doivent s'ajuster.

II-6-1- Principales utilisation des ontologies dans les EIAH

Plusieurs travaux de recherche tels que [Uschold & Grüninger 96], [Gómez-Pérez 00] ont discuté certaines utilisations des ontologies qui sont plus rencontrées et plus développées pour le cas des systèmes d'e-learning. Nous reprenons notamment les points suivants :

---

[5] Protege2000 Ontology Editor Home Page, http://protege.stanford.edu/.
[6] http://www-ksl.stanford.edu/knowledge-sharing/ontologies/html/reference-manual/index.html

- **Réutilisation et partage d'objets pédagogiques.** Dans la construction de nouveaux systèmes de conception en assemblant des objets pédagogiques déjà construits et disponibles, l'ontologie assurerait la base pour un encodage formel des entités, attributs, leurs interrelations dans le domaine d'intérêt. Cette représentation formelle serait réutilisable par d'autres systèmes, au moyen d'une traduction automatique (ou partageable). Dans le cas du partage d'objets pédagogiques : lorsque le but est l'utilisation d'objets par plusieurs systèmes différents l'ontologie permet la mise en correspondance des contenus sémantiques des objets.

- **Repérage d'objets pédagogiques** : l'ontologie est utilisée comme méta descripteur afin de décrire le contenu sémantique associé aux objets pédagogiques.

- **Acquisition de connaissances** : l'utilisation d'ontologies contribue à augmenter la vitesse et la fiabilité du processus d'acquisition de connaissances lors de la construction d'un système de conception de cours, d'organisation d'objets pédagogiques et la structuration ou gestion de banque d'objets (ressources) sur un domaine.

- **Spécification d'une conceptualisation** : l'ontologie peut être utilisée pour définir les spécifications (domaine, tâche, application) pour un système de formation.

II-6-2- Exemples de projets de conception/développement d'EIAH utilisant les ontologies

Des usages tels que la communication, l'interopérabilité, le partage, la réutilisation et l'organisation *intelligente* des objets pédagogiques dus à l'exploitation des ontologies, n'apparaît non seulement utile mais nécessaire pour l'avenir des EIAH. Nous proposons dans ce qui suit quelques exemples tirés du travail de synthèse dans [Psyché & al.03], où les ontologies sont utilisées dans les processus de conception / développement d'EIAH. Nous avons :

- Dans le projet de repérage et de visualisation du modèle de l'apprenant [Apted & al. 03], un outil de repérage et de visualisation, *VIUM*, a été conçu pour permettre à l'usager de sélectionner un concept central sur l'écran. Une ontologie est utilisée pour s'assurer que les concepts les plus proches sémantiquement sont visibles. Cette sélection de concepts rendus visibles est une partie essentielle de la visualisation qui assiste les apprenants dans l'exploration de domaines comprenant des centaines de concepts.

- Dans le projet IMAT [Desmoulins & Grandbastien 02], une ontologie est utilisée pour l'indexation des briques de documents à des fins de composition dynamique de documents dépendamment des contextes d'utilisation (technique, médiatique, domaine, ou pédagogique). L'ontologie pédagogique qu'ils utilisent permet d'attribuer des rôles aux briques ainsi que des attributs qualitatifs et des contraintes d'organisation des briques dans le document final.

- Dans le projet de développement de l'environnement de conception de cours, SmartTrainer [Hayashi & al. 99], le rôle de l'ontologie est de gérer la communication entre les agents à l'intérieur de l'environnement.

- Dans le projet de développement d'environnements pour favoriser l'apprentissage collaboratif [Inaba00], [Inaba01], les travaux portent sur la construction d'une ontologie pour représenter les concepts communs des théories d'apprentissage collaboratif.

- Dans le projet de développement de l'environnement de conception de curriculum CREAM et de tutorat CREAM-TOOL [Nkambou & al. 03], un environnement de type tuteur pour la génération automatique de curriculum CREAM-TOOLS - a été conçu. Les quatre ontologies constituant la base du curriculum de ce système (une ontologie de capacités, une ontologie d'objectifs, une ontologie de ressources et une ontologie de liens) servent à décrire un module de capacités d'apprentissage, un module d'objectifs d'apprentissage, un module de ressources didactiques et des liens de couplage entre les trois modules précédents.

- Dans le projet DIVA-BCTA [Paquette & al. 03)], les objectifs consistent en la création d'une base de connaissances sur le téléapprentissage par le développement d'une ontologie du domaine et le regroupement de l'expertise sur le téléapprentissage dans des objets pédagogiques référencés en fonction de cette ontologie. Le rôle de cette ontologie du domaine est de servir de système d'indexation et de classification aux objets pédagogiques. Par ailleurs, une ontologie de tâche permet de définir différents cas ou scénarios d'utilisation de ces objets, identifiés grâce à leur référencement en fonction de l'ontologie du domaine. Le rôle de cette ontologie de tâche est de fournir des réponses aux requêtes des utilisateurs de la base.

II-6-3- Evaluation des apprenants et ontologies dans les EIAH de type learning by doing

Pour les EIAH basés sur l'apprentissage par l'exercice (learning by doing), la représentation des exercices et l'automatisation de la correction des solutions sont très importants pour favoriser l'auto apprentissage et dynamiser l'apprentissage.

Si les ontologies sont utilisées dans différents travaux sur la conception générale des EIAH et pour l'indexation et gestion de cours, leurs utilisations pour l'évaluation des apprenants est encore à ses débuts même si, comme objectif d'exploitation de l'ontologie développée, nous l'avons lus dans différents travaux. En effet, dans l'environnement O-DEST [Snae & Brueckner 07], « l'ontologie du processus d'apprentissage », telle qu'elle est appelée par les auteurs, contient des méthodes d'apprentissage, des activités d'apprentissage, des cours,... Une évaluation des apprenants basée sur des questionnaires est parmi les fonctionnalités citées en perspectives pour O-DEST.

Le projet MEMORAe [Fontaine & al. 06], pour sa part, est basé sur l'utilisation d'une ontologie d'application destinée à l'indexation des ressources pédagogiques pour permettre une navigation utilisant les relations définies dans l'ontologie. Cette ontologie reste alors difficilement utilisable pour d'autres activités autres que celle de recherche de ressources pour laquelle elle est construite.

Nous sommes aussi très intéressés par les travaux sur le système ACTIVEMATH [Goguadze, 09]. Celui-ci est tuteur intelligent via le Web (un Web-ITS : Web intelligent tutoring system) basé sur la correction automatique d'exercices et l'évaluation des connaissances des apprenants utilisant des requêtes sur la base des connaissances du domaine (ce qui relève du domaine du Web sémantique, en pleine expansion en e-learning ces dernières années). Cependant, ce qui est proposé est spécifique au domaine des mathématiques.

Aussi [Sampson & al. 02] et [Smrz 04] ont évoqué l'intérêt de l'utilisation des ontologies pour l'évaluation des apprenants comme perspectives pour leurs travaux.

Dans le cadre de cette thèse, nous somme intéressés par une ontologie de domaine pour la représentation de domaines d'enseignement en général. Chaque instanciation de cette ontologie donne lieu à une base de connaissances d'un domaine particulier. Les éléments de notre ontologie sont exploitables par différentes activités liées à l'enseignement et/ou l'apprentissage par l'exercice donc adaptés à une utilisation par une évaluation automatisée de l'état de connaissances des apprenants.

Conclusion

L'étude menée dans ce chapitre permet de mettre en évidence deux types de modélisations :

- une modélisation pour donner du sens, autrement dit, une modélisation des connaissances ontologiques conduisant à la définition d'une ontologie conceptuelle;
- et une modélisation pour implémenter un système conduisant à une ontologie computationnelle.

Devenues un élément essentiel pour beaucoup de domaines des connaissances, les ontologies fournissent un vocabulaire commun qui témoigne d'une compréhension partagée d'un domaine, et qui est essentiel pour la constitution d'une mémoire commune pour tout système.

Le survol de l'état de l'art sur l'utilisation des ontologies dans les EIAH de type learning by doing pour réaliser l'activité d'évaluation des apprenants montre que l'intérêt est exprimé par différents travaux mais sans existence de propositions concrètes et explicites de modèle ontologique de domaine qui tienne compte des exigences du complexe processus d'évaluation automatisée des apprenants en particulier en cas de questions ouvertes. De ce fait, nous nous intéressons, dans le cadre de cette thèse, à une ontologie pour la représentation de domaine d'enseignement destiné pour un apprentissage par l'exercice et donc exploitable par un processus d'évaluation des connaissances des apprenants basé sur la notion d'erreur. Le chapitre suivant détaille le modèle ontologique proposé.

CHAPITRE III

Les Ontologies pour la Modélisation d'un Domaine d'Enseignement

Introduction

Le concept de «learning by doing» de John Dewey est développé de nos jours pour être utilisé comme ressource pour développer des méthodologies telles que l'apprentissage par projet, l'apprentissage par groupe ou la résolution de problèmes. L'apprenant est donc confronté d'un côté aux savoirs techniques et théoriques et de l'autre à la pratique pour acquérir la capacité de créer des liens entre la pratique et le domaine enseigné.

La conception de domaines d'enseignements pour produire des représentations adaptées à un apprentissage par l'exercice est essentielle. En effet, l'activité pivot de tout learning by doing est l'évaluation des connaissances, ce qui induit la nécessité de modéliser les domaines de telle sorte à faciliter l'automatisation de ce processus d'évaluation.

Dans ce chapitre nous introduisons d'abord le contexte de notre étude à travers la problématique abordée, les objectifs fixés ainsi que l'architecture générale de l'environnement que nous nous proposons de mettre en œuvre. Ensuite, notre proposition pour la modélisation de domaine dans les EIAH de type learning by doing est présentée en indiquant l'approche de modélisation ainsi que le modèle ontologique du domaine synthétisé dans un diagramme de classes UML[1].

III-1- Auto-Apprentissage par l'Exercice

Notre principale vision d'un environnement d'auto-apprentissage par l'exercice en général découle d'une vue simultanée sur les plates formes de e-learning et sur les tuteurs intelligents. Ceci veut dire que nous recherchons un environnement d'apprentissage aussi conviviale que les plates formes (interfaces agréables et moyens de communication diverses et souples) et des fonctionnalités automatisées d'acquisition et de manipulation de connaissances (pédagogique, du domaines et relatives à l'apprenant) aussi développées que celles des tuteurs intelligents.

---

[1] UML : Unified Modelling Language

III-1-1- Problématique et Objectifs

Pour concrétiser cette vision, nous considérons que doivent être pris en compte les points suivants à travers les objectifs qui y sont rattachés :

- *Isolement des utilisateurs des systèmes informatiques d'auto-formation :* Parmi les caractéristiques d'un système d'auto-formation est l'apprentissage de l'apprenant avec un système automatisé. Aussi « intelligent » que puisse être ce système, il y a des situations de blocage de l'apprenant face aux comportements du système (liste d'erreurs non convaincante, explication inadéquate, ...) où il voudrait communiquer avec un humain (tuteur, concepteur, expert du domaine) pour émettre ses doléances. Si ce besoin de communication sans réponses est récurrent, l'apprenant s'ennuie et perd tout intérêt pour l'apprentissage avec le système en question.

Objectif 1 : Nous nous proposons de concevoir un système d'auto-apprentissage par l'exercice à distance. Ceci veut dire que les utilisateurs (apprenant, concepteurs, experts, tuteurs,...) ont la possibilité d'interroger les différentes fonctionnalités du système et de communiquer entre eux via un réseau notamment Internet ou un Intranet. D'où la nécessité du développement de ce système comme une application Web.

- *Imbrication des éléments à enseigner avec leurs formats de présentation :* En e-learning, on conçoit en général, les éléments à enseigner (que les uns appellent objets pédagogique, d'autres contenu ou encore matériaux pédagogique,...) imbriqués avec leurs présentations respectives. Ceci pose le problème de la réutilisabilité et de la souplesse de manipulation et de transmission de ces éléments. D'autre part, nous trouvons une ambiguïté issue des différentes appellations des composantes de la matière à enseigner où le niveau de granularité est vague et les limites avec les composantes relatives à la pédagogie ou la modélisation de l'apprenant ne sont plus aussi bien définies qu'avec les tuteurs intelligents.

Objectif 2 : Il convient d'examiner le concept de «domaine d'enseignement» plutôt que les différents concepts véhiculés qui ont chacun une portée relative. Donc nous distinguons les connaissances du domaine à enseigner des autres connaissances relatives à la pédagogie, à la représentation de l'apprenant ou aux modules d'interfaçage. Ceci d'une part, d'autre part nous avons l'objectif de représenter la structure du domaine indépendamment de ses ressources [Fontaine & al. 06]. Nous avons donc une spécification structurelle interne d'un domaine à laquelle correspondent des ressources multimédias sous différents formats de présentations affichées. Dés le départ, on pense à une conception du domaine avec des ontologies et la description des ressources pédagogiques avec le langage XML en se basant sur la norme LOM pour les rubriques de spécifications.

- *Faiblesse des modules d'évaluation automatisée des connaissances des apprenants :* Parmi les caractéristiques qui renforcent l'intérêt pour un système d'auto-formation, l'apprentissage par l'exercice avec évaluation automatisée de la progression des apprenants. Or, dans la majorité des plates formes existantes, l'évaluation des connaissances des apprenants se réduit à des questionnaires simples sans la possibilité de correction de solutions complètement rédigées par l'apprenant (questions ouvertes). Ainsi, il est difficile d'approcher une bonne estimation des connaissances d'un apprenant dans un domaine donc impossible de générer des sessions adaptées.

Objectif 3 : Intégration d'un système automatisé d'évaluation automatisée des réponses libres des apprenants aux questions ouvertes. Ce système a besoin d'approches et de techniques pour : le diagnostic des erreurs, la notation des apprenants et la mise à jour du modèle apprenant pour ensuite favoriser le calcul des profils respectifs des apprenants.
Sachant particulièrement que l'analyse sémantique est un processus heuristique, son exécution par les apprenants peut faire objet de doléances (issues de son incomplétude ou peut être inexactitudes) qui sont véhiculées vers le tuteur humain d'une façon synchrone ou asynchrone selon la possibilité ou le choix des deux parties.

- *Imbrication entre connaissances et méta-connaissances dans la modélisation de domaine d'enseignement :* En effet, l'analyse de différents domaines modélisés à part montre qu'on ne distingue pas les connaissances propres au domaine (les instances d'une ontologie de domaine) de celles communes et qui est en fait une méta-connaissance (ontologie du domaine). Par exemple la décomposition en notions, exercices, exemple,... ou encore le lien « composé de », « est pré-requis de » ne sont pas des connaissances propres à un domaine mais plutôt des méta-connaissances. De cela découle la difficulté du passage de la représentation d'un domaine à un autre et donc de la réutilisabilité des méta-connaissances non distinguées.

Objectif 4 : Définition d'un méta-modèle de représentation de domaine d'enseignement où des éléments (concepts, liens, ...) composants la spécification structurelle d'un domaine d'enseignement en général dans le contexte d'un apprentissage par l'exercice sont recensés. La modélisation d'un domaine particulier sera guidée par ce méta-modèle. Nous proposons donc de faire cette spécification avec les ontologies. Chaque instanciation de l'ontologie de domaine d'enseignement proposée donnera lieu à la base de connaissances d'un domaine spécifique.

- *Imbrication dans une ontologie de domaine d'éléments « bruts » du domaine et d'autres éléments résultant d'une interaction avec un contexte d'utilisation de ces éléments ce qui limite la dimension ontologique :* En effet, cette imbrication cause un mélange entre éléments différents dans leurs évolutions respectives ou leurs dynamicité. Par exemple il est tout à fait normal, à priori de penser à intégrer dans l'ontologie d'un domaine d'enseignement l'élément « Résultat-apprenant». Cependant, ce dernier est le résultat de l'interaction de l'ontologie avec le contexte d'évaluation qui combine d'autres connaissances en dehors du domaine comme celles relatives à l'apprenant par exemple.

Objectif 5 : Introduction de la notion d'*ontologie d'interaction d'un domaine avec un contexte* (OIDC) pour distinguer les éléments d'une représentation d'un domaine d'enseignement de ceux résultants d'une interaction avec un contexte d'utilisation. Nous nous intéressons particulièrement à la OIDC d'évaluation d'apprenants.

III-1-2- Architecture et caractéristiques d'un environnement d'auto-apprentissage par l'exercice

Nous entendons par Environnement d'Auto-Apprentissage par l'Exercice (EAAE), un EIAH où le module des exercices est développé donc qui permet un apprentissage où l'apprenant met en pratique via des unités d'évaluation telles que les exercices, les questions, des études de cas, des mini projets, ... les notions du domaine à enseigner.

Parmi les principales caractéristiques de l'EAAE que nous souhaitons développer présenté par la figure 6, nous avons :

- Un EAAE est destiné à l'auto-apprentissage d'un domaine. Ce système est hébergé sur un serveur connecté au Web. Ainsi en utilisant le réseau Internet, les utilisateurs peuvent utiliser l'EAAE directement ou à partir d'un LMS (comme les Campus numériques ou universités virtuelles) si on veut donner l'occasion aux apprenants de s'entraîner avec différents EAAE concernant chacun un domaine d'enseignement.

- L'enseignement est essentiellement dispensé par des modules automatisés. L'intervention d'un tuteur humain (qui assure la veille en présentiel ou via le Web) est possible en cours de session d'apprentissage grâce aux moyens de communications (appartenant au module de communication de la Figure 6) utilisés en particulier dans les LMS comme la messagerie, le chat ou les forums. Cette intervention sera particulièrement intéressante pour apporter des réponses aux doléances des apprenants concernant les blocages rencontrés ou les besoins d'explications supplémentaires durant l'utilisation des différents modules de l'EAAE.

- L'EAAE met en œuvre une approche constructiviste du savoir où la génération d'exercices ainsi que la correction des solutions apprenant par le système permettent un apprentissage par l'exercice. La possibilité de communication (synchrone ou asynchrone) avec un tuteur humain en cas de besoin renforce la confiance de l'apprenant pour travailler avec le système. Le processus de construction du savoir de l'apprenant est supervisé par le système avec la possibilité de l'assistance d'un tuteur humain.

- L'EAAE Respecte le profil apprenant pour la génération de contenus (cours, exercices, explications,...) adaptés à ses besoins et choix. Le calcul du profil est basé sur les résultats de l'évaluation automatisée du module des exercices.

- L'approche est modulaire à tous les niveaux du cycle de développement du système pour assurer l'isolement des parties réutilisables des modules. Ceci va permettre de minimiser le passage du développement d'un EAAE d'un domaine à un autre en ne reprogrammant que les parties non réutilisables.

La figure 6 présente essentiellement sept modules en interactions pour un cas d'application Web. Ces interactions ne sont pas schématisées pour éviter d'encombrer la figure. Ces modules sont :

- *Acquisition de connaissances* : C'est l'interface auteur-expert d'où les connaissances relatives aux domaines à enseigner ou à la pédagogie sont saisies, ajutées ou mises à jour.

- *Module de cours* : est la partie qui s'occupe de la gestion des cours (présentation, confection, recherche, …).

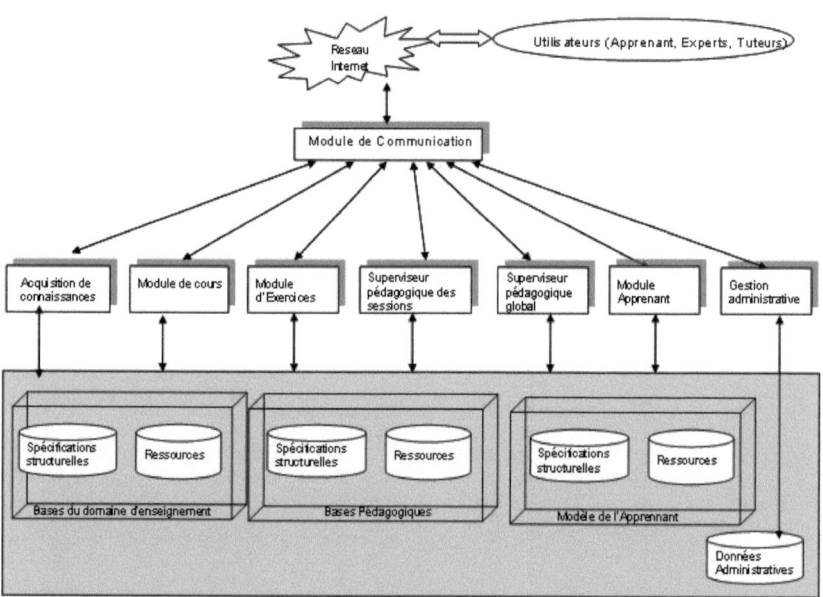

Figure 6 : **Architecture générale d'un environnement d'auto-apprentissage par l'exercice**

- *Module d'exercices* : c'est le module où se situent nos travaux. Il a le rôle de permettre à l'apprenant de s'exercer sur le domaine par la proposition d'exercices, la correction des réponses de l'apprenant et l'évaluation de ses compétences (cf. Figure 7). Ce module fera l'objet du chapitre suivant de cette thèse.

- *Superviseur pédagogique des sessions* : s'occupe de la scénarisation en cours d'une session pour décider sur l'enchaînement des activités d'apprentissage. Ce rôle peut être automatisé, alloué à un tuteur humain ou tout simplement légué à l'apprenant dans le cas de guidage complètement libre.

- *Superviseur pédagogique global* : c'est le superviseur de tout l'apprentissage du domaine (et dans certains cas d'un cursus donc différents domaines). Il a la capacité de décider sur le nombre de sessions, d'évaluation globale à la fin des sessions d'apprentissage, de décider sur le niveau global d'un apprenant, ... Ce rôle peut être automatisé ou alloué à un tuteur humain.

- *Module de l'apprenant* : s'occupe de l'initialisation et la gestion du modèle de l'apprenant. Il a particulièrement le rôle du calcul des profils respectifs des apprenants. Ce module est en étroite collaboration avec le module d'exercices qui l'alimente avec des données sur l'évolution de l'apprentissage.

- *Gestion administrative* : c'est les tâches du système d'information de l'environnement où les données et informations administratives sur les apprenants, les domaines, les tuteurs, les groupes et autres classifications des acteurs, ... sont gérées.

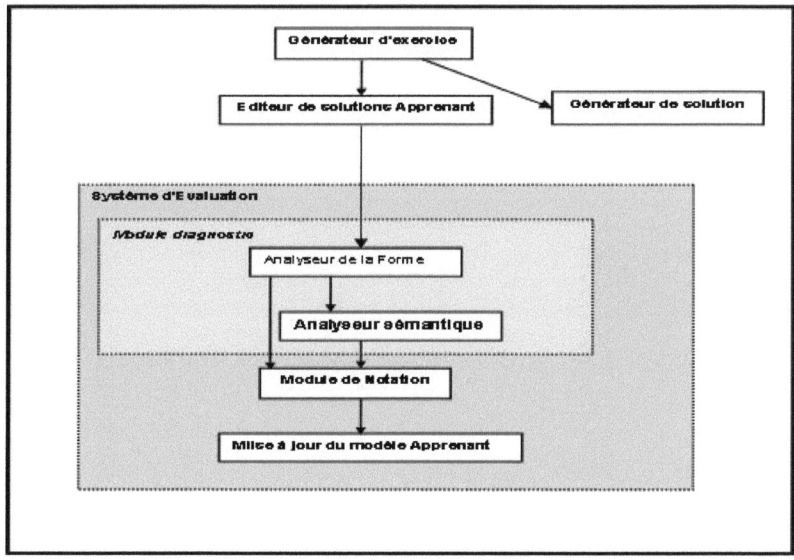

Figure 7 : Architecture du module des exercices

Dans ce qui suit, nous nous intéressons à la modélisation de domaines à enseigner pour aboutir à la construction des bases du domaine d'enseignement (figure 6). Dans le chapitre suivant, nous allons évoquer certaines parties du modèle de l'apprenant utilisées pour le stockage des résultats de l'évaluation. Ceci constitue l'essentiel des objectifs visés dans le cadre du présent travail.

III-2- Approche de Modélisation de Domaines d'Enseignement

La modélisation de domaines d'enseignement est parmi les priorités dans le processus de développement de tout système destiné pour l'enseignement ou la formation. En effet la matière à enseigner est l'essence même du système car si elle est mal représentée, elle va systématiquement être mal présentée à l'apprenant, ce qui est difficilement rattrapé par l'efficacité des autres modules du système. Plusieurs formalismes ont été essayés (logique, règles de productions, réseaux sémantiques, réseaux de neurones, …) avant l'ingénierie ontologique et avant l'introduction des TIC lesquelles donnent de nouvelles possibilités et outils pour la représentation et utilisation de domaines d'enseignement.

Dans [Hatzily & Prentzas 04], on décompose un domaine d'enseignement en deux types de connaissances : les éléments du domaine et les unités de cours : les premières définissent la structuration des composantes de base du domaine et les secondes présentent les domaines en combinant les éléments du domaine avec des explications (textes de cours, page affichant un énoncé d'exercice, images, simulations,…) et des styles de présentation.

Nous adoptons une approche similaire sur le partitionnement général d'un domaine en préconisant deux types de connaissances en se projetant dans le contexte d'un environnement d'apprentissage par l'exercice.

En effet, nous décomposons un domaine en deux principales composantes : *la spécification du domaine* et *ses ressources pédagogiques* (cf. Figure 8). La spécification est une caractérisation des composantes du domaine ainsi que les liens et règles liant ces composantes. Les ressources sont un ensemble de fichiers d'illustrations (cours textuels, vidéo, image, sons, …) permettant d'enseigner ou de délivrer des cours du domaine à des apprenants. Evidemment, il existe des liens entre ces deux types de composantes ; ce qui correspond au «Besoin d'indexer des objets pédagogiques » indiqué dans [Kabel & al.99]. Certains travaux comme [Fontaine & al. 06] ont d'ailleurs approfondi l'étude de la navigation dans les ressources basées sur cette indexation inspirée des liens représentés dans la spécification du domaine. Pour notre part, nous allons plus approfondir l'étude et la caractérisation de la sémantique de ces liens au sein de la spécification pour pouvoir raisonner sur le domaine lors de l'évaluation automatisée des apprenants.

L'enseignement d'un domaine peut être à distance et dans tous les cas met en jeu différents acteurs, enseignants et apprenants. Nous avons donc besoin d'une représentation qui facilite la transmission et la manipulation des connaissances du domaine et d'une uniformisation des définitions respectives des composantes de celui-ci car les apprenants visés sont à priori différents (de disciplines, de cultures,…). C'est ce que certains auteurs comme dans [Psyché & al.03] appellent le besoin de partage de connaissances. Il y a également lieu de faciliter l'acquisition et la mise à jour des connaissances vu que tout domaine d'enseignement relève d'une expertise évolutive rarement cernée lors du développement du système où elle est intégrée. De plus, il serait intéressant d'avoir une représentation formelle pour augmenter « l'intelligence » dans l'environnement de formation.

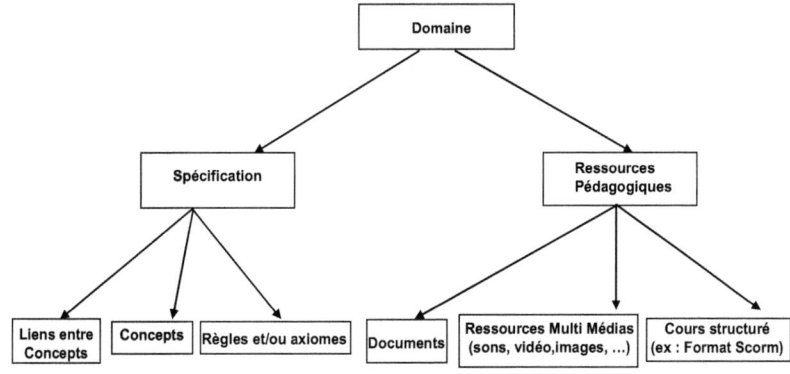

Figure 8. Principales parties d'un domaine d'enseignement

De l'importance de répondre à ces besoins découle notre intérêt pour les ontologies. En effet, celles-ci facilitent la taxonomie des composantes du domaine en représentant le maximum de sa sémantique d'une part, et l'unification des définitions de chacune de ces composantes qui sont partagées entre des modules et utilisateurs de différentes disciplines (pédagogues, experts du domaine, apprenants, ...) d'autres part. Les représentations des relations sémantiques en particulier les liens taxonomiques avec les ontologies facilitent aussi l'explication et la généralisation.

Le point suivant de ce chapitre introduit un aperçu sur la spécification d'un domaine d'enseignement en général sous forme d'un modèle ontologique. L'instanciation de ce modèle proposée pour un domaine spécifique va donner lieu à une base de connaissances de ce domaine.

III-3- Un Modèle Ontologique pour la Spécification de Domaine d'Enseignement

Nous proposons dans ce qui suit les principaux éléments (représentés par le diagramme de classes UML de la figure 9) communs de représentation de différents domaines d'enseignement sous forme d'une ontologie de domaine que nous nommons Onto-TDM[2]. Celle-ci représente essentiellement les concepts et les relations sémantiques entre eux [Bouarab-Dahmani & Si-Mohammed 08a]. Nous utilisons plus loin, lors de la présentation de l'ontologie quelques propriétés des relations sémantiques telles que la transitivité utiles pour la déduction d'autres connaissances.

---

[2] Ontological Teaching Domain Modelling

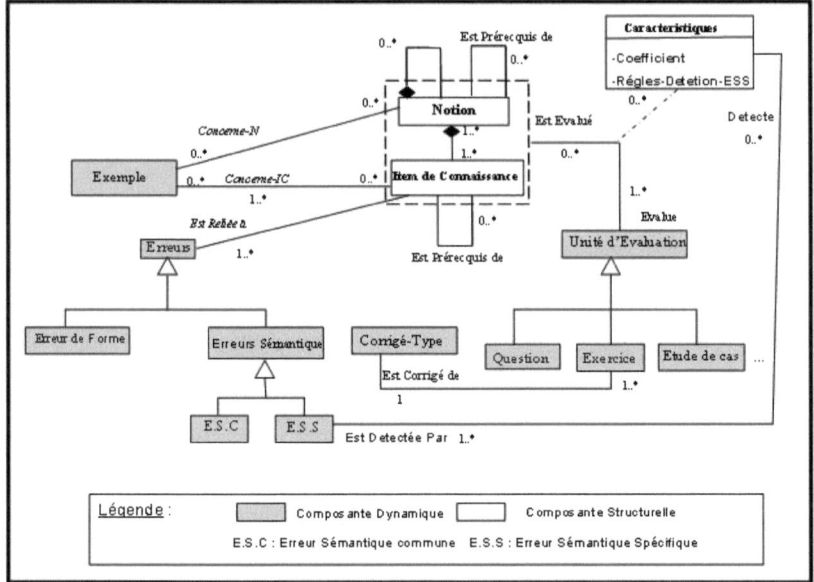

Figure 9 : Diagramme de classes UML de Onto-TDM

III-3-1- Les Concepts

Ce sont les éléments de l'ontologie du domaine issus de la structuration d'un domaine d'enseignement quelconque. Les principaux concepts qui doivent apparaître dans celle-ci (Figure 10) sont alors liés aux *unités d'évaluation* (exercices, questions, ...), puis aux *notions* du domaine d'enseignement, et enfin par l'ensemble des *erreurs* potentielles de l'apprenant, que nous regroupons dans une taxonomie des erreurs. Nous intégrons aussi dans la spécification le concept d'*exemple*. D'autres concepts peuvent être ajoutés comme les explications, les remarques, ... ; nous ne les intégrons pas à cette étape de notre recherches pour leurs rôles secondaires dans l'enseignement d'un domaine (du moins relativement à nos objectifs de recherches immédiats). Les concepts sont définis comme suit :

- *Les Notions et les Items de Connaissances :* Ce sont les composantes du domaine d'enseignement que l'enseignant souhaite transmettre à l'apprenant. Pour des raisons didactiques, pédagogiques ou structurelles, une notion peut être décomposée en plusieurs « sous-notions » dans un processus nécessairement fini du fait de l'existence systématique de notions élémentaires. Nous appelons ces notions du plus bas niveau des *Items de Connaissances (IC)*.

A ce stade de nos recherches, cette décomposition d'un domaine en notions et IC est du ressort de l'expert humain du domaine d'enseignement. Il doit être néanmoins possible d'automatiser ce processus en se basant sur les résultats de l'ingénierie ontologique se rapportant à l'acquisition de connaissances par analyse de corpus.

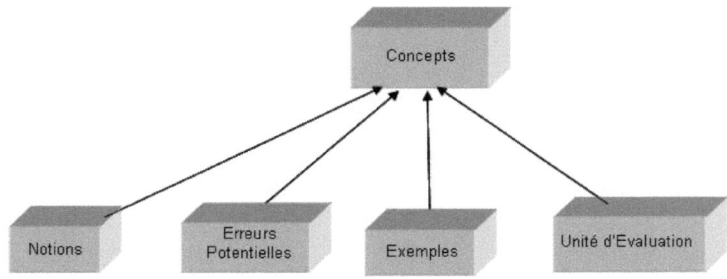

Figure 10. Principaux concepts de l'ontologie d'un domaine d'enseignement

Nous préconisons donc une hiérarchie strictement arborescente (cf. Figure 11) des notions, sauf en ce qui concerne les feuilles, qui représentent les IC. De fait, il est clair qu'un IC peut rentrer dans la composition de différentes notions. Par exemple, dans le cas de l'algorithmique, l'IC *forme d'instruction de bloc* peut être rattaché, entre autres, aux notions s*tructure alternative* et s*tructure itérative*.

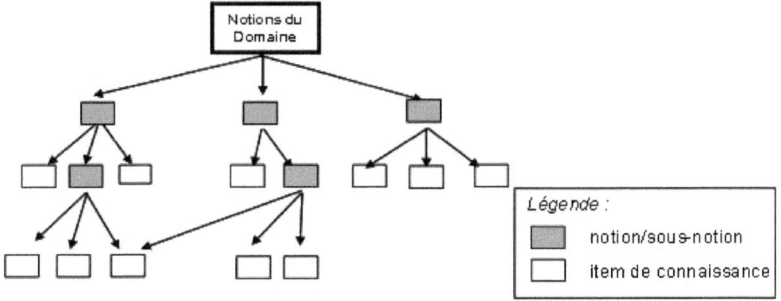

Figure 11. Décomposition des notions d'un domaine d'enseignement

- ***Les Exercices*** : Ce sont des unités d'évaluation présentées sous forme de question ouverte avec un énoncé. La résolution de chaque exercice va nécessiter la mise en œuvre d'un ensemble d'IC, dont on attend qu'ils apparaissent dans la formulation de la solution (librement construite) de l'apprenant, d'où l'intervention de notions situées à différents niveaux de l'ontologie. La représentation du domaine à enseigner sous forme d'une ontologie permet ainsi d'associer les notions requises par l'apprentissage du domaine d'enseignement considéré aux différents exercices proposés par le système, lorsque la résolution de ceux-ci exige leur mise en œuvre. A un exercice, les concepteurs peuvent définir un ou plusieurs corrigés types.

Selon cette modélisation, un exercice sera donc décrit par une structure dynamique « projetée » sur les composantes structurelles de l'ontologie du domaine à enseigner, que nous pouvons représenter à travers un certain nombre de liens pointant sur les notions requises, et en particulier sur les IC (feuilles), ainsi que l'indique la figure 12. Celle-ci montre que chaque exercice permet de définir un sous domaine d'enseignement par projection par rapport aux composantes, situées à différents niveaux du modèle ontologique du domaine d'enseignement considéré, évaluées par l'exercice.

Nous proposons aussi d'associer à chaque couple (exercice, IC), un coefficient C. Celui-ci est un nombre entier, lequel sommé avec les autres coefficients respectivement associés aux autres IC évalués par l'exercice donnera la note maximale prévue pour l'exercice dans le barème. Ces coefficients permettent au pédagogue de pondérer l'importance de chaque IC dont l'exercice a pour but d'évaluer la maîtrise, ce qui introduit un degré de souplesse supplémentaire de par la possibilité d'accentuer ainsi plus ou moins l'importance relative des différents IC intervenant dans la résolution d'un même exercice, selon l'objectif pédagogique visé.

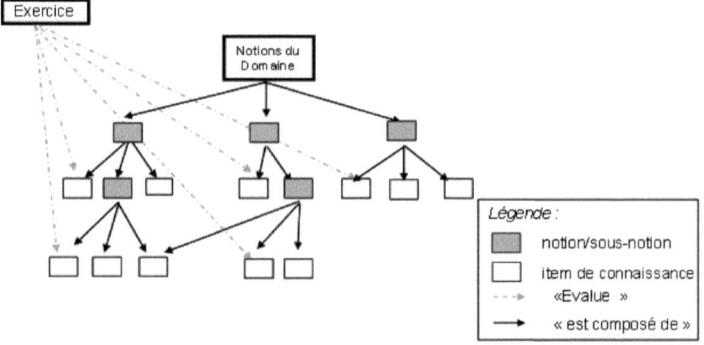

Figure 12: Modélisation d'un exercice par « projection » sur les composantes structurelles du domaine

Pour illustrer le fonctionnement du modèle ontologique ainsi constitué, des exemples sont donnés au chapitre V de cette thèse pour les cas des domaines d'enseignements testés.

- **Les Erreurs** : L'étude des erreurs occupe une place importante notamment en psychologie, en didactique et en intelligence artificielle. Ainsi, [Davis 84] a souligné que c'est l'un des plus précieux moyens permettant d'explorer la nature du traitement de l'information chez l'apprenant. Pour sa part, Charnay [Charnay, 86] affirme que l'étude des erreurs dans une perspective d'apprentissage renseigne l'enseignant sur la nature du travail de l'apprenant et sur ses conceptions par rapport aux connaissances visées.

En pédagogie, l'erreur désigne une réponse ou un comportement de l'apprenant qui ne correspond pas à la réponse, au comportement attendu. L'erreur n'est pas la manifestation d'une non-connaissance qu'il convient d'ignorer ou de corriger immédiatement, mais d'une connaissance inadéquate sur laquelle la connaissance correcte va pouvoir être construite.

L'expertise d'un domaine d'enseignement comprend obligatoirement un certain nombre d'erreurs possibles que l'enseignant expert a eu l'occasion de détecter chez les apprenants. Ainsi les erreurs potentielles forment une partie des connaissances d'un domaine à enseigner que nous proposons de spécifier. Cette partie aidera certainement à améliorer l'enseignement du domaine.

Pour accroître l'efficacité des processus de détection d'erreurs, nous proposons de mettre en oeuvre une taxonomie des erreurs possibles de l'apprenant, en fonction de la classification que nous définissons ci-après (cf. figure 13).

Nous considérons ici que deux principaux types d'erreurs peuvent survenir dans la solution de l'apprenant :

> Les erreurs de forme, qui traduisent une non-conformité de la solution de l'apprenant par rapport aux conventions de présentation du domaine enseigné. S'il s'agit de solutions formulées sous forme de texte, nous retenons en particulier les erreurs lexico-syntaxiques. Ainsi, du fait même de la représentation du domaine d'enseignement sous forme d'une ontologie, ce qui permet de limiter les termes du langage utilisé par les apprenants (pour exprimer leurs solutions) à un ensemble fini des termes, les erreurs lexico-syntaxiques peuvent être détectées de manière relativement aisée.

> Les erreurs de fond ou sémantiques portent de fait sur une partie plus abstraite de la solution de l'apprenant, telle qu'une logique d'expression et/ou un ordonnancement de tâches inadéquat par rapport à l'unité d'évaluation proposée ou aux règles sémantiques du domaine enseigné, ce qui rend bien évidemment leur détection plus complexe.
Pour faciliter le processus de détection et de reconnaissance de ces erreurs sémantiques, nous les avons réparties en deux catégories :

- Les erreurs sémantiques communes (E.S.C) correspondent aux erreurs qui ne dépendent pas de l'énoncé de l'unité d'évaluation, et qui relèvent plus simplement de la « généralité » du domaine traité, comme la division par zéro (en calcul), ou la boucle infinie (en programmation),

- Les erreurs sémantiques spécifiques (E.S.S) expriment, par contre, le fait que des caractéristiques attendues dans une solution à l'unité d'évaluation proposée ne sont pas exprimées par l'apprenant. En fait, nous préconisons que chaque référence dans une unité d'évaluation à un IC d'une notion de l'ontologie du domaine définit une ou plusieurs *caractéristiques* de cette unité [Bouarab-Dahmani & Si-Mohammed 05] et qu'à chaque caractéristique est associée une erreur sémantique spécifique en tant qu'erreur potentielle, comme c'est représenté par l'association *Caractéristique* de la figure 9. A une caractéristique sont donc associés un item de connaissance d'une notion donnée et une unité d'évaluation.

Par exemple, les erreurs « *écriture de message inexistante* », ou « *instruction alternative non utilisée* » seraient des E.S.S. alors que des erreurs comme « *type de l'identificateur différent du type de l'expression qui lui est affecté* » ou « *identificateur non déclaré* » seraient des E.S C pour le domaine de l'algorithmique.

La maîtrise du processus de caractérisation (définition des caractéristiques) des exercices dépend de la richesse didactique du domaine enseigné. En effet, plus la didactique est riche, plus la décomposition du domaine en IC est fine, plus la caractérisation est précise et permet donc de définir un plus grand nombre d'E.S.S potentielles.

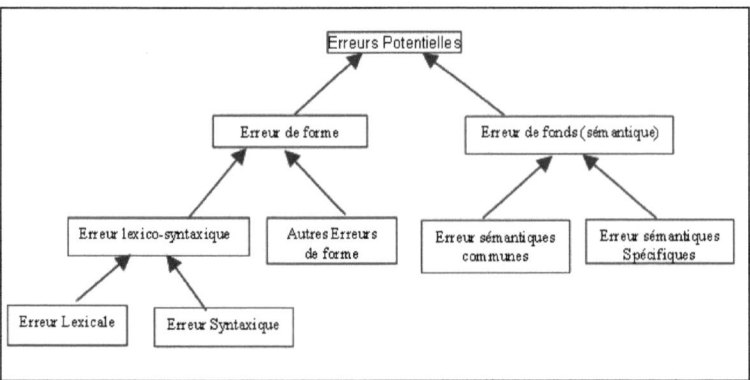

Figure. 13. Sous-modèle ontologique des erreurs

De façon générale, nous avons choisi de relier toutes les erreurs de l'apprenant aux IC (notions de base) (cf. Figure 14), sachant que ces liens peuvent être propagés (comme pour les exercices) par transitivité ascendante à tous les nœuds de l'arborescence représentant la décomposition du domaine. Ainsi, à un IC donné peuvent correspondre plusieurs erreurs, dont chacune fournit un indice de sa non maîtrise par l'apprenant. Par contre, nous posons l'hypothèse que chaque erreur ne peut concerner qu'un seul IC pour éviter toute ambiguïté sur le diagnostic de la composante du domaine à laquelle est rattachée l'erreur à sa détection. Loin de constituer une contrainte, cette hypothèse impose au contraire une structuration aussi fine que possible des notions du domaine, quitte à définir de nouveaux IC, ce qui, au fur et à mesure de l'enrichissement de la base d'erreurs, permet aussi la construction d'une ontologie de domaine plus précise.

- *Un exemple/contre exemple :* C'est une illustration de l'utilisation (juste pour l'exemple ou erronée pour un contre exemple) de la notion ou de l'IC concerné.

- *Une question :* C'est un élément d'évaluation plus élémentaire et plus simple (question à une réponse, question à choix multiples,...) qu'un exercice. D'autre part, une question a une réponse précise, généralement définie avec la définition de la question alors que pour un exercice, que nous percevons comme une question ouverte, plusieurs solutions différentes peuvent être construites par l'apprenant au lieu d'être choisies comme c'est le cas pour la résolution de questions. Une question et utilisée pour évaluer un ou plusieurs IC.

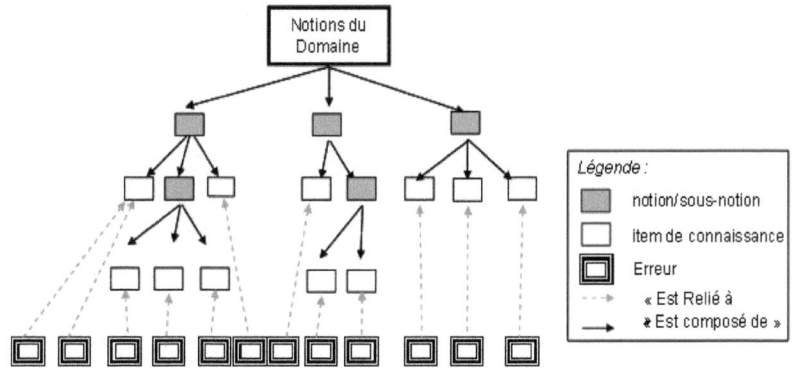

Figure 14. Les erreurs sont liées Aux items de connaissances

Nous synthétisons dans le tableau suivant (cf. Tableau 1), la description (par les attributs qui nous intéressent pour le contexte de l'évaluation) des concepts considérés pour la spécification ontologique d'un domaine d'enseignement et décrit dans cette section. Pour mieux expliquer la conceptualisation de chaque concept, nous anticipons, parfois, la description ce certains liens.

Concept	Attribut	Commentaire
Item de connaissance (IC)	Num-IC, Nom-IC	
Notion	Num-Notion, Nom_Notion	Une notion contient au moins un IC
Exercice	Code-Exo, Nom-Exo, Enoncé-Exo, DDEx, Niv_cible, URL-Enoncé	DDex : degré de difficulté de l'exercice. Niv-Cible : niveau de l'apprenant, pour lequel l'exercice va être proposé.
Erreur	Num-err, Type-Erreur, Texte-Erreur	Type de l'erreur : lexicale, syntaxique,
Exemple	Num-exple, Contenu-exple	Le contenu peut être remplacé une URL
Corrigé-type	Num-corrige, code-exo, Contenu-corrigé	Le contenu peut être remplacé ou complété par l'adresse (ex : URL)
Question	Num-question, Enoncé-question	
Caractéristique	Coefficient, Adresse du paquet de règles de détection d'E.S.S. possibles	est un concept défini pour une association. Coefficient est le degré d'importance de l'IC pour l'unité d'évaluation où il est évalué.

Tableau. 1. Les Principaux concepts de l'Ontologie

III-3-2. Les Liens

« Un lien est une composante d'un modèle de connaissances qui met en relation deux connaissances, la première étant l'origine du lien et la seconde sa destination... » [Paquette 02]. Dans un modèle graphique, le lien est représenté explicitement par un symbole portant son nom ou son type (cas du modèle entité –Association) ou tout simplement par une flèche partant de l'origine vers la destination en indiquant dessus le nom ou le type de ce lien (cas des réseaux sémantiques par exemple). Les liens sont aussi appelés *relations sémantiques* en ingénierie ontologique.

Dans le cadre du modèle ontologique proposé, nous considérons les liens structurels de composition (*composé de* ou *part of*) et des liens de généralisation/spécialisations (*est un* ou *is a*) ainsi que d'autres liens sémantiques qui sont pour la majorité des associations issues de la didactique ou la pédagogie du domaine comme le lien *pré-requis de*. Nous définissons ces liens comme suit :

- **Les Liens structurels de type *Composé de :*** Représente les relations de composition dans domaine d'enseignement. On retrouve la décomposition de notion en d'autre notions (une notion peut se décomposer en une ou plusieurs sous notions) et la décomposition d'une notion en items de connaissance. Ces derniers représentent les notions élémentaires ou «granulaires» du domaine, et sont de ce fait indivisibles. Ce lien «Part of» dans notre cas n'est pas taxonomique car un item peut rentrer dans la composition de différentes notions.

- **Les Liens de type généralisation/spécialisation :** Ce sont les liens de type « is a » (« est un ») connus dans l'approche orientée objet comme liens d'héritage. Il définit des hiérarchies strictes donc c'est un lien taxonomique ou de subsomption. Il est aussi transitif. Ce lien est défini dans notre cas entre les types d'erreurs et les types d'unités d'évaluation.

- **Le Lien *Est reliée à* :** C'est un lien entre une erreur et un IC. Il est sémantique et didactique car il peut changer d'un contexte didactique à un autre. Un contexte didactique étant défini par les acteurs du triangle didactique (cf. Figure 15) qui sont : l'enseignant, l'apprenant et le domaine (savoir). Ce lien avec son lien inverse définissent une association entre les IC et les erreurs.

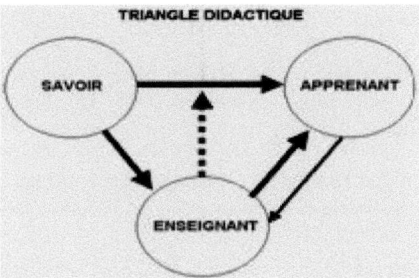

Figure 15. Le Triangle didactique [Bisault & Lavarde 95]

- **Le Lien *Pré-requis de* :** C'est un lien didactique qui défini le fait qu'une notion ou un IC du domaine d'enseignement doit être acquis avant un autre pour des soucis de meilleure assimilation. Ce lien est transitif (cf. Figure 16 pour un exemple en Algorithmique).

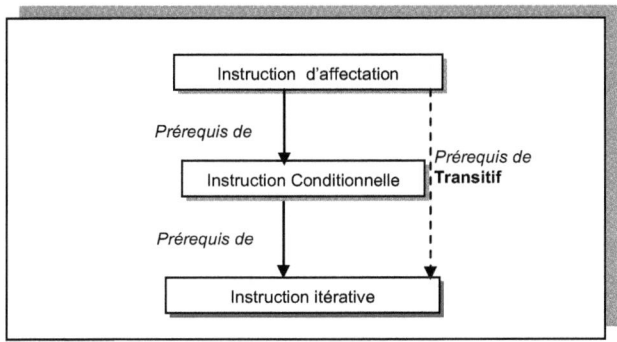

Figure 16. Exemple de Liens Pré-requis de en Algorithmique.

- **Le Lien *Evalue*** : C'est un lien entre une unité d'évaluation et l'association de composition (IC, Notion) que nous appelons le *contexte de l'IC* pour préciser qu'il s'agit de l'IC d'une certaine notion vu qu'un IC peut entrer dans la composition de différentes notions. Il est aussi sémantique et didactique. Combiné avec son lien inverse, il définie une association.

- **Le Lien *Exemple de Notion*** : C'est un lien entre un exemple à une notion Il est aussi sémantique et didactique.

- **Le Lien *Exemple de IC*** : C'est un lien entre une exemple et un IC. On peut le définir aussi entre exemple et un *contexte de l'IC* pour préciser qu'il s'agit d'un exemple sur l'IC d'une certaine notion. Il est aussi sémantique et didactique.

- **Le Lien *Détecte*** : C'est un lien entre l'association *Caractéristique* et le concept d'Erreur sémantique Spécifique (ESS) (cf. Figure 9). Il est aussi sémantique et didactique.

- **Le Lien *Est corrigé de*** : C'est un lien entre un exercice et un corrigé-type. Il est aussi sémantique et didactique.

Le Tableau 2 synthétise l'ensemble des liens cités ci dessus.

Nom du Lien	Concept d'Origine	Concepts De Destination	Propriétés	Lien Inverse	Attribut	Commentaire et/ou Règle
Est composé de	Notion	Notion, IC	- Réflexif -Transitif	Est Composant de		- Un IC peut être composant de différentes notions
Est un	Sous Concept	Concept générique : erreur, unité d'évaluation.	-Transitif -Taxonomique	A pour sous classe		
Est Pré-requis de	IC, Notion	IC, Notion	- Réflexif -Transitif	A pour Prérecquis		
Evalue	Unité-d'Evaluati-on,	IC, Notion		Est évalué Par	- Poids-IC - Règles-Détection-ESS	Ce lien et son lien inverse produisent l'association **Caractéristique**.
Est Reliée à	Erreur	IC		A pour erreur potentielle		Un IC peut être relié à plusieurs erreurs.
Exemple de notion	Exemple	Notion		Notion a pour Exemple		
Exemple de IC	Exemple	IC		IC a pour Exemple		
Détecte	Caractéristique	E.S.S		Est détectée par		
Est corrigé de	Corrigé-Type	Exercice		A pour Corrigé		

Tableau.2. Les Principaux liens de l'ontologie de domaine d'enseignement proposée

III-4- Les Ressources du Domaine

Ce sont les états de sortie comportant des données du domaine en plus d'un style de présentation. Elles sont affichées via une interface utilisateur qui est combinée avec un navigateur Web dans le cas de e-learning. A chaque concept de la spécification correspondent une ou plusieurs ressources. Comme l'illustre la figure 8, les ressources peuvent être des documents, des ressources multimédia (sons, vidéo,...) et aussi tout autre fichiers (Outil logiciel, package SCORM, ...) capable d'illustrer un concept du domaine. Un document peut contenir du texte, des images, des schémas, ... et des indicateurs de liens (mot colorié, boutons, flèches,...) pour naviguer vers d'autres documents ou d'autres pages. Il peut tenir sur une ou plusieurs pages.

Les liens de navigation entre les ressources correspondants à des concepts différents sont issus des liens ontologiques entre ces concepts. Pour les liens de navigation au sein de ressources correspondant à un même concept, d'autres liens peuvent être définies en rapport avec les objectifs et scénarios pédagogiques. Si par exemple, à un énoncé d'exercice peuvent correspondre les trois ressources suivantes : un texte, une vidéo, un son. L'enchaînement entre ces trois ressources dépend de l'intérêt pédagogique et aussi didactique de présenter l'un avant l'autre.

Comme nous l'avons déjà précisé au début de ce chapitre, l'indexation et la navigation concernant les ressources ne constitue pas une priorité dans le cadre de cette thèse. Cependant nous l'avons implémentée dans le cadre de la réalisation des prototypes cités dans le chapitre V. Dans ce qui suit, nous présentons, comme exemples, quelques types de documents ressources [Bouarab-Dahmani & Si Mohammed 08d] qui sont conçus conformément à la structure de l'ontologie (cf. Figure 17). Néanmoins la possibilité de connecter d'autres ressources issue d'une recherche Web par exemple est une possibilité qui nécessite l'intégration d'annotations sémantiques indiquant les modalités de liaisons entre la ressource et le concept de l'ontologie auquel elle va être reliée.

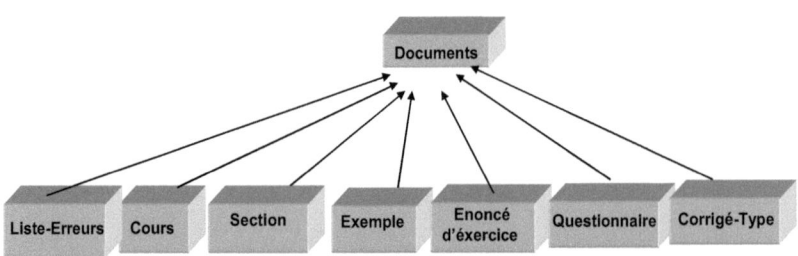

Figure 17. Exemple de Taxonomie de Ressources de type Documents

- *Un document cours :* concerne une notion ou une sous notion du domaine. *A* partir de ce genre de documents, on peut naviguer vers un *document-section,* un autre *document-cours relatif à un concept prérecquis,* un *document-*exemple, ...

- *Un document section* : Concerne un item de connaissance du domaine. A partir d'un document section, on peut naviguer vers un autre *document-section (suivant ou prérequis)*, un autre *document-cours*, un *document*-exemple, ...

- *Un document énoncé d'exercice* : présente un énoncé d'exercice à un apprenant. Ce document est le résultat d'exécution de la tâche de génération d'exercices.

- *Un document questionnaire* : un document qui présente un ensemble de questions dans le cadre d'un pré-test, test ou une séance d'exercice.

- *Un document liste d'erreurs* : un document qui présente une liste d'erreurs détectées par la tâche de diagnostic des erreurs dans une solution-apprenant.

- *Un document corrigé-type* : un document qui présente une solution possible pour l'exercice proposé.

- *Un document Exemple* : un document qui présente un exemple sur une notion ou un IC du domaine.

III-5-Modèle Ontologique de Contexte d'un Domaine d'Enseignement

L'exploitation de l'ontologie Onto-TDM se fait par des *activités d'apprentissage*. Les plus connues pour un EIAH d'apprentissage par l'exercice sont : la génération d'exercices, la génération de questionnaires, la génération de cours, l'évaluation des connaissances, ... A chaque *interaction* du domaine avec une de ces activités, *un contexte d'utilisation* est défini et induit l'apparition de nouveaux concepts spécifiant les résultats de cette interaction avec le domaine.

En considérant une spécification ontologique, nous définissons *l'ontologie de contexte d'utilisation d'un domaine* comme étant l'ontologie du domaine enrichie des concepts résultant de l'interaction du domaine avec ce contexte d'utilisation, relatif nécessairement à une activité d'exploitation de l'ontologie.

L'exploitation d'un domaine d'enseignement a la particularité d'être en interaction avec d'autres domaines pour la réalisation d'une activité d'apprentissage. Ces domaines sont essentiellement relatifs aux connaissances de l'apprenant et aux connaissances pédagogiques.

Dans le cadre de ce travail, nous nous intéressons particulièrement à l'ontologie du contexte d'utilisation lors de l'évaluation des connaissances des apprenants que nous appelons Onto-TDM-Eval (cf. Figure 18) correspondant à l'ontologie Onto-TDM de spécification de domaine d'enseignement présentée dans la section III-3.

Onto-TDM-Eval est donc composée de Onto-TDM et des éléments issues de son interaction avec notamment le modèle de l'apprenant et le modèle pédagogique qui sont essentiellement : Le concept *Session* qui représente une session d'apprentissage et le lien « *A pour Résultats de session* » où les résultats de l'évaluation d'un IC d'une notion dans le cadre d'une unité d'évaluation sont spécifiés. C'est dans le chapitre suivant (le chapitre IV) que nous préciserons la description de ce concept relativement aux approches proposées pour les différentes étapes de l'évaluation des apprenants.

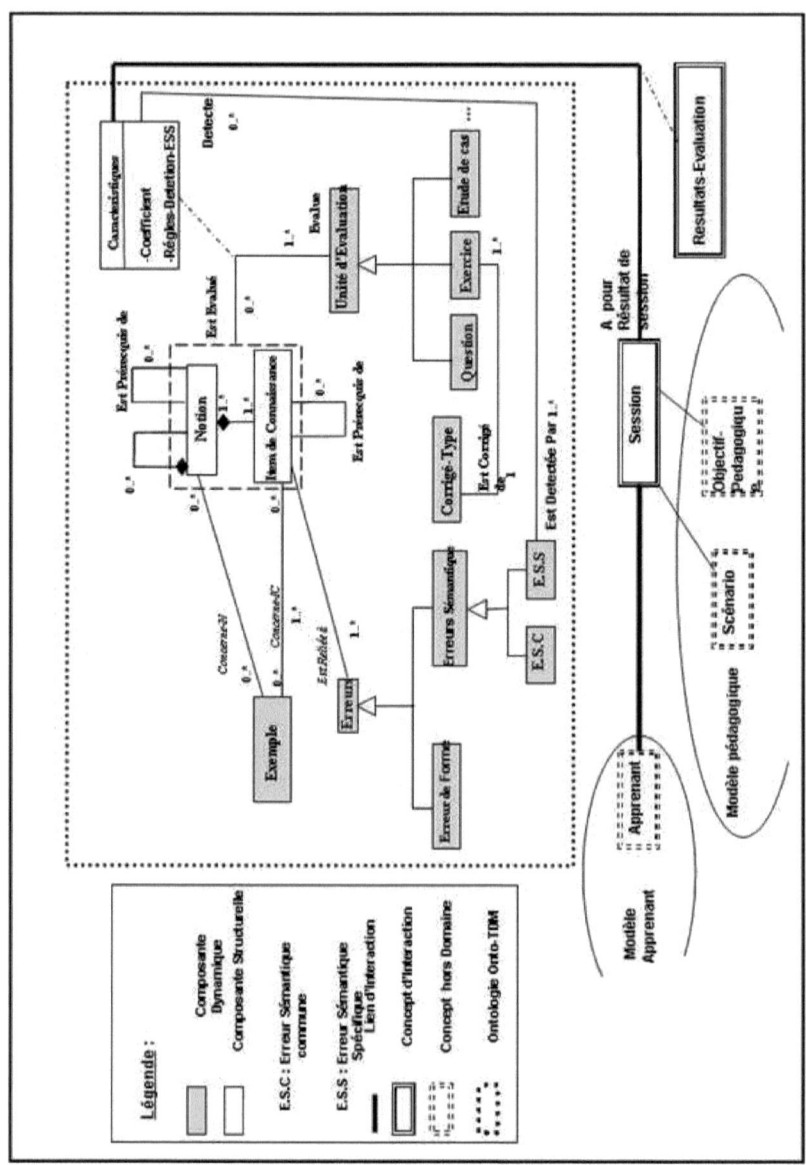

Figure 18. L'ontologie de contexte d'utilisation pour l'évaluation Onto-TDM-EVAL

III-6- Aperçu sur les Possibilités d'Opérationnalisation d'Onto-TDM

La phase d'opérationnalisation va consister à outiller une ontologie pour permettre à une machine, via cette ontologie, de manipuler des connaissances du domaine. La machine doit donc pouvoir utiliser des mécanismes opérant sur les représentations de l'ontologie.

Plusieurs langages et outils peuvent être utilisés. Nous sommes particulièrement intéressés par deux possibilités d'opérationnalisation :

- avec le langage OWL pour le cas de son exploitation avec les outils et techniques du Web sémantique dans le cadre d'EIAH de type e-learning,

- avec le langage XML pour les documents et des bases de données relationnelles pour les données de spécification contenues dans l'ontologie. Cette dernière option a été mise en œuvre lors de la réalisation des systèmes considérés dans les études de cas du chapitre V par le développement d'une interface auteur expert via laquelle l'ontologie ainsi que la base des connaissances d'un domaine particulier seront introduites et maintenues.

Conclusion

Ce chapitre présente globalement l'approche que nous nous proposons de mettre en œuvre pour développer un environnement d'auto apprentissage par l'exercice, en précisant la problématique considérée ainsi que les principaux objectifs projetés. Y est aussi décrite notre approche de modélisation ontologique pour le domaine d'enseignement en définissant un ensemble de concepts et de liens du modèle proposé. Celui-ci peut être utilisé par différentes activités d'apprentissage d'un système EIAH de type learning by doing. Chaque activité définit un contexte d'utilisation de l'ontologie. Nous nous intéressons dans le chapitre suivant à l'activité d'évaluation.

CHAPITRE IV

Une Approche d'Evaluation Automatisée des Connaissances des Apprenants Basée sur un Modèle Ontologique

Introduction

L'évolution des méthodes d'enseignement découlant de l'introduction des technologies de l'information s'est accompagnée d'une évolution dans la façon de juger les résultats des apprenants. C'est ainsi que l'échec ou l'insuffisance de résultats n'est plus perçue comme la conséquence d'un manque de travail, d'attention ou d'intelligence.

La pensée pédagogique actuelle substitue en effet à la notion de contrôle, celle, beaucoup plus large et plus complexe, d'évaluation, qui consiste à dégager de manière plus objective et plus rationnelle les différents paramètres qui ont une incidence sur le résultat des élèves [Bisault & Lavarde 95].

Cette évolution a introduit toutefois la nécessité d'un processus d'évaluation automatisée dans les EIAH par l'exercice; ce qui nécessite par conséquent la définition:

- de techniques de diagnostic des erreurs pour la correction automatique des solutions apprenant, en particulier pour le cas de réponses libres à des questions ouvertes,

- d'une méthode de notation automatisée des apprenants utilisant les résultats du diagnostic des erreurs pour que les notes calculées correspondent le mieux possible à l'état réel des connaissances de l'apprenant,

- de paramètres et structures adéquats au niveau du modèle de l'apprenant pour que les notes calculées puissent servir au calcul de profils puis à l'adaptation de l'apprentissage.

Nous proposons dans ce chapitre, en réponse à ces préoccupations, un processus d'évaluation basé sur une approche progressive permettant d'abord l'analyse de la forme (le lexique, syntaxe, ...) de la solution proposée par l'apprenant. Les erreurs sémantiques, telle que l'inadéquation de la solution de l'apprenant avec l'énoncé de l'exercice par exemple, sont ensuite détectées à travers l'association, à chaque exercice, de caractéristiques qui sont requises dans la solution de l'apprenant lors de l'analyse sémantique.

Dans le même ordre d'idées, la définition d'une méthode hiérarchisée de notation nous permet de retenir un ensemble d'indicateurs de compréhension que nous synthétisons dans une matrice intégrée au modèle de l'apprenant. Ainsi, partant de notes « granulaires » relatives aux plus petites composantes du domaine enseigné, nous calculons des notes de niveau supérieur relatives à un exercice ou à une notion de plus haut niveau d'abstraction.

L'approche ODALA (Ontology Driven Auto-evaluation for Learning Approach) ainsi proposée, est fondée d'une part, sur la représentation du domaine à enseigner sous forme d'une ontologie de domaine, et d'autre part sur la classification des erreurs commises et/ou susceptibles d'être commises.

IV-1- L'Approche d'Evaluation Proposée

L'approche d'évaluation ODALA propose une méthodologie et des techniques pour le développement d'un système d'évaluation basée sur l'ontologie de domaine d'enseignement Onto-TDM proposée dans le chapitre III (cf. section III-3).

Cette approche proposée met à la disposition des concepteurs d'EIAH en mode apprentissage par l'exercice un moyen d'aborder le développement du système d'évaluation. Nous présentons dans ce qui suit le processus ODALA selon deux points de vue : celui du concepteur et celui de l'utilisateur.

IV-1-1- Le processus de conception

Le processus de conception d'une évaluation automatisée (cf. Figure 19) commence par la génération de la base de connaissances du domaine par instanciation de l'ontologie Onto-TDM.

Ensuite, l'étape de développement du diagnostic des erreurs nécessite le développement du module d'analyse de la forme qui utilise la spécification ontologique (en particulier la terminologie dans le cas d'analyse de solutions textuelles).

La notation des apprenants et la mise à jour du module apprenant étant deux modules réutilisables d'un domaine à un autre, ils feront objets d'appels avec, à chaque fois des paramètres adéquats.

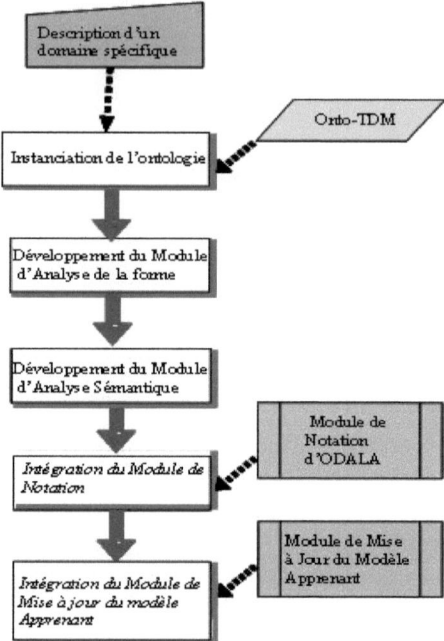

Figure 19. Principales étapes de développement d'un système d'évaluation avec ODALA

IV-1-2- Le processus d'utilisation

L'utilisation d'une évaluation conçue selon ODALA nécessite de permettre le recueil, au sein d'un module d'exercice (défini dans le schéma de la figure 7 de la section III-1-2 du chapitre III), des données relatives à une session d'apprentissage effectuée par l'apprenant. Ces données devront être par la suite traitées par un module pédagogue, pour synthétiser une appréciation globale intégrant d'autres données sur l'apprenant et son parcours d'apprentissage. Il y a lieu de préciser que nous nous intéressons à un processus d'évaluation principalement destiné à des systèmes d'auto-apprentissage par l'exercice. La session commence donc par une génération automatique d'exercices, telle qu'indiquée dans [Bouarab-Dahmani 00]. Les énoncés d'exercices sont ainsi produits à la demande du pédagogue, en fonction du profil de l'apprenant, soit à partir de la sélection d'exercices dans une banque préenregistrée (génération simple), soit encore à partir d'un ensemble d'exercices paramétrables (génération semi-automatique), ou enfin par concaténation d'énoncés ou des parties d'énoncés déjà existants (génération automatique).

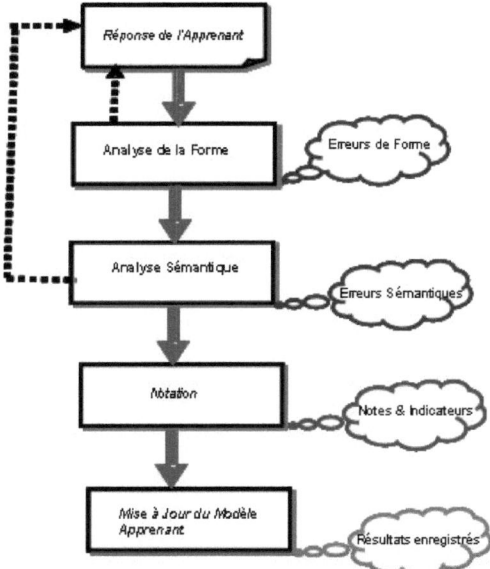

Figure 20. Principales étapes du fonctionnement d'un système d'évaluation ODALA [Bouarab-Dahmani & al. 10b]

Une fois saisie la proposition de solution de l'apprenant pour l'exercice généré, le processus d'évaluation commence lorsque le module de diagnostic est sollicité (par l'apprenant ou par le pédagogue, selon la stratégie pédagogique appliquée). Alors, l'analyse de la forme de la solution (qui peut consister à vérifier le lexique et la syntaxe si la solution de l'apprenant est textuelle), est lancée pour vérifier que l'expression de la solution de l'apprenant respecte le langage du domaine enseigné (notations et opérateurs algébriques en mathématiques par exemple, ou encore mots-clés et syntaxe, dans le cas de l'enseignement d'un langage de programmation, ...). Si cette première étape se déroule sans erreurs, une analyse sémantique est exécutée pour vérifier « le sens » de la solution, et ainsi examiner si l'apprenant a répondu au problème posé et s'il a utilisé les notions adéquates du domaine (cf. Figure.20).

La notation de l'apprenant commence à la demande de celui-ci si l'apprentissage est complètement libre. Il est également possible, dans le cas d'un guidage automatique, de passer à la notation après un certain nombre de tentatives de correction. C'est un module de notation qui se charge du calcul de notes et/ou d'indicateurs de compréhension sur les différentes notions du domaine enseigné. La dernière étape de l'évaluation consiste en l'enrichissement du modèle de l'apprenant, qui est une sorte de mémoire de la progression de celui-ci, par la sauvegarde des résultats de cette évaluation dans des structures adéquates.

IV-2- Le Diagnostic des Erreurs avec ODALA

ODALA propose un diagnostic cognitif basé sur les erreurs. Partant de ce principe et des faiblesses des autres techniques de diagnostic basées sur d'autres éléments comme les plans, nous proposons la conception d'une correction automatique de réponses des apprenants fondée sur un diagnostic des erreurs pour rechercher les « mauvaises conceptions »[1] des apprenants.

La conception de ce diagnostic étant basée sur l'ontologie du domaine utilisée pour l'évaluation, les erreurs potentielles d'un domaine font partie intégrante de la description de ce domaine et se trouve systématiquement reliés aux items de connaissances, les notions basiques de ce domaine. Ainsi dés que le diagnostic détecte une erreur, le système d'évaluation détecte avec (via les liens sémantiques de l'ontologie) l'item de connaissance concerné et par application de certaines règles de déduction de l'ontologie[2], cette erreur peut être liés à toute les notions parentes de l'IC concerné. L'erreur se trouve ainsi formatrice puisque d'une part une erreur faite durant l'apprentissage sera plus rarement répétée en situation réelle et d'autre part il y a conscience que l'on peut se tromper, ce qui donne à l'apprenant une capacité de remise en cause et d'adaptation, d'où une prise de conscience de l'intérêt de se former.

Les outils d'un diagnostic sont les moyens utilisés pour connaître « les mauvaises conceptions » dans la tête d'un apprenant qui se voient via les erreurs. Ces outils consistent en le choix de l'unité d'évaluation (Questionnaires, exercices, exposé, mini projet, …) qui détermine la technique de correction donc de détection des erreurs. Nous avons choisi de travailler sur les exercices, l'unité d'évaluation (au sens du concept de l'ontologie Onto-TDM) qui sont des questions ouvertes auxquelles l'apprenant construit des réponses librement en utilisant un éditeur de solution adéquat (graphique, textuelles, multimédia, …) selon la forme de la solution recherchée.

Le diagnostic que nous proposons ici concerne donc la correction d'une solution saisie par un apprenant pour répondre à un exercice généré depuis une base d'exercices. La correction de la solution proposée peut alors se faire en cours d'écriture de celle-ci, le module correcteur intervenant dès qu'une saisie non conforme est détectée. C'est ce qui est désigné par «vérification automatique» dans le cadre du logiciel Aplusix [Aplusix 04] par exemple. Nous considérons pour notre part que cette correction «préventive » est de nature à influencer l'apprenant au fur et à mesure de sa rédaction de la réponse, ce qui est susceptible d'introduire un biais qui peut se répercuter sur la justesse de l'évaluation finale. Nous préférons donc ne faire intervenir le module correcteur que lorsque l'apprenant indique avoir fini de taper sa solution.

Le processus de diagnostic se décompose en deux étapes successives qui sont l'analyse de la forme suivie de l'analyse du fond ou sémantique que nous présentons dans ce qui suit.

---

[1] Inspiré du terme anglophone «misconception»
[2] Par exemple soit la règle suivante : **Si** l'item Ici *est composant* de la notion Nj **et Si** l'erreur Ek *est reliée* à Ici **Alors** Ek est reliée à Nj.

IV-2-1- L'analyse de la forme

La forme d'une solution peut être textuelle, graphique ou autre. Nous écartons à ce stade de notre recherche l'analyse d'une forme de solution qui combine des parties de forme différentes. La définition des règles d'analyse de la forme dépend du langage d'expression des solutions qui peut être : ensemble de symboles mathématiques, ensemble de symboles graphiques (organigrammes, arbre algébrique en bases de données relationnelles, langage naturel, langage de programmation, ...). Il est évident dans ce cas d'avancer que la généricité d'un module d'analyse de la forme est difficile voir impossible puisque la conception de ce module peut changer radicalement d'un domaine à un autre. Cependant l'analyse des affinités entre les domaines peut donner des possibilités de réutilisabilité, ce que nous n'intégrons pas dans le sujet de notre thèse.

Nous proposons l'utilisation de la terminologie des instances de l'ontologie du domaine en particulier de celles relative aux concepts notions et items de connaissances pour être guider lors de la construction de l'analyseur de la conformité de la forme d'une solution.

Nous avons eu l'occasion d'essayer les cas suivants qui était chacun particulier mais où l'ontologie a sensiblement aidé :

- la forme d'un algorithme basé sur un pseudo langage algorithmique structuré avec mots clés en Français,

- la forme d'un organigramme d'algorithme. Ce cas avait la particularité d'une combinaison de symboles et d'instruction avec langage algorithmique.

- La forme d'une expression algébrique en réponse à une requête utilisant les opérateurs algébriques en bases de données (BDD) relationnelles.

- La forme d'un arbre algébrique en BDD relationnelles.

Ces cas étudiés étaient très enrichissants sur l'analyse des possibilités d'automatisation de l'analyse de la forme d'une solution en apprentissage. Ils nous ont permis de constater, par exemple, que pour un même domaine, il y a autant d'analyseur que de formes possibles de solutions et que l'analyse de la forme s'applique à tous les exercices du domaine indépendamment de son énoncé. Nous détaillerons les résultats de ces études de cas au niveau du chapitre V.

IV-2-2- L'analyse sémantique

L'analyse sémantique recherche d'une part les erreurs sémantiques communes (ESC), et d'autre part les erreurs sémantiques spécifiques (ESS), définies par les *caractéristiques* de l'exercice. Pour ce faire, nous l'avons décomposée en deux sous-modules (cf. Figure 21) :

- L'*analyseur de la sémantique commune* qui se charge de la détection d'ESC en utilisant un ensemble de règles définies au préalable sur les connaissances du domaine donc sur les instances des concepts structurels de l'ontologie du domaine.
  Pour l'enseignement de l'algorithmique par exemple, la règle suivante : « *si v est variable et v de type t et si v := c est une expression alors le type de c est t sinon erreur 113: incompatibilité de type dans une expression* ». L'erreur 113 étant reliée à l'item de connaissance « *sémantique d'une expression d'affectation* » lui-même composant de la notion « *Instruction d'affectation* ». Nous avons aussi les règles sur l'initialisation et l'incrémentation de boucle Tant que, le contrôle de schémas de relations en cas d'union, différence et intersection en algèbre relationnelles, ...

- L'*analyseur de la sémantique spécifique* qui se charge de la détection d'ESS en utilisant un ensemble de règles de détection de caractéristiques d'exercices.
  Par exemple, en algorithmique la règle « *si l'exercice exi a la caractéristique d'Evaluer l'item de connaissance 'déclaration de variable entière' et si l'instruction de déclaration de variable entière est introuvable dans la solution apprenant alors erreur 91 : déclaration de variable entière prévue non trouvée* ». L'erreur 91 étant reliée à l'item de connaissance « *déclaration de variable entière* » lui-même composant de la sous notion « *Déclaration de variable* » composante de la notion « *Déclaration d'un algorithme* ».

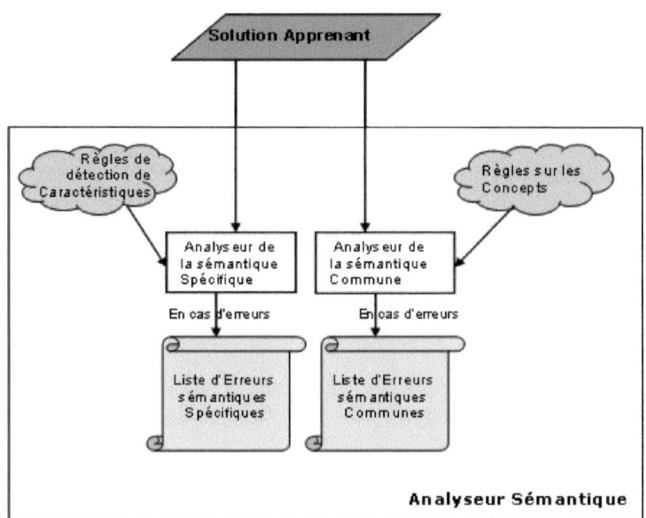

Figure 21. Composition de l'analyseur sémantique d'ODALA

L'efficacité de cet analyseur sémantique dépend du nombre d'erreurs sémantiques de la base et du nombre de règles définies qui détectent ces erreurs.

Le processus de recensement des erreurs sémantiques et des règles est incrémental et l'analyse sémantique est une heuristique[3].

Si la démarche d'analyse basée sur les caractéristiques et la sémantique de l'ontologie est réutilisable pour tout domaine, l'implémentation de l'heuristique (donc les programmes de l'outil d'analyse) reste spécifique au domaine pour le cas de l'analyse sémantique commune mais aussi spécifique à l'exercice pour le cas de l'analyse sémantique spécifique. Cependant, l'outil d'apprentissage par l'exercice capable de faire cette analyse aura toujours le mérite d'aider l'apprenant à connaître et à éviter les erreurs déjà connues (par des experts !), ce qui est déjà non négligeable en apprentissage par l'exercice pour les disciplines où ce mode est nécessaire.

IV-3- La Notation des Apprenants avec ODALA

La notation est la partie de l'évaluation (sommative, formative, pronostic, diagnostique, …) qui exprime un bilan quantitatif de la correction des solutions proposées par un apprenant. Elle est basée sur le calcul d'un ensemble de paramètres qui permettront au pédagogue d'apprécier correctement les possibilités de ce dernier par rapport aux objectifs pédagogiques fixés. La notation doit aussi avoir une méthode pour donner la capacité d'appréciation de l'apprenant à différents niveaux de détails du domaine enseigné pour pouvoir avancer par exemple que tel apprenant a assimilé tous les items de la notion « boucle Tant que » sauf l'item « incrémentation du compteur d'itération » pour lequel il a la note 0 dans tous les exercices qu'il a résolu et où cet item est évalué.

Le processus de notation que nous proposons d'adopter en complément de notre approche se fonde, d'une part sur une méthode de notation basée sur le principe de la **notation granulaire** et sur ***un ensemble de formules polynomiales*** utilisant les résultats du diagnostic des erreurs à la suite de la résolution d'exercices par l'apprenant. Nous présentons ces deux caractéristiques dans les points suivants.

IV-3-1- Le principe de la notation granulaire

La *notation granulaire* est inspirée par le concept de **note granulaire** lui-même issue du concept de *notion granulaire* donc l'item de connaissance que nous avons déjà défini au niveau de l'ontologie de domaine d'enseignement Onto-TDM. La note granulaire est calculée pour un item de connaissance quand celui ci est évalué par un exercice résolue par l'apprenant durant une session d'apprentissage [Bouarab-Dahmani & al. 08b].

Partant de cette note que nous appelons note d'IC dans un exercice, nous calculons, par « *effet miroir* » par rapport à la décomposition du domaine à enseigner (cf. Figure 22), des notes donc des appréciations de l'apprenant par rapport à d'autres composantes du

---

[3] L'**heuristique** (du grec ancien εὑρίσκω, *eurisko*, « je trouve »), parfois orthographiée **euristique**, est un terme de didactique qui signifie *l'art d'inventer, de faire des découvertes* (D'après Wikipedia). Nous évoquons le concept au sens qui lui est donné en théorie des graphes et optimisation qui définit une heuristique comme suit « Une heuristique, ou méthode approximative, est donc le contraire d'un algorithme exact qui trouve une solution optimale pour un problème donné. Les algorithmes de résolution exacts étant de complexité exponentielle, il est généralement plus judicieux de faire appel à des méthodes heuristiques pour des problèmes difficiles ».

domaine notamment les exercices, les notions de plus haut niveau de la hiérarchie de décomposition du domaine, ... Nous appelons ce phénomène, la ***propagation de l'évaluation de l'apprenant dans le domaine.***

Ainsi un exercice donné, est noté en utilisant la notation de chaque IC qu'il évalue. De même, on déduit, après résolution d'un ou plusieurs exercices, ce que nous appelons *l'indice de compréhension* [Bouarab-Dahmani & Si-Mohammed 07] correspondant à chaque IC. Cet indice, important dans la mesure où le but du processus de notation est d'apprécier la maîtrise de chaque IC, est calculé d'une façon incrémentale, c'est à dire que tout nouvel exercice traité par l'apprenant référençant le même IC, permet d'en obtenir une notation plus précise, après application d'une fonction de calcul présentée ci-après.

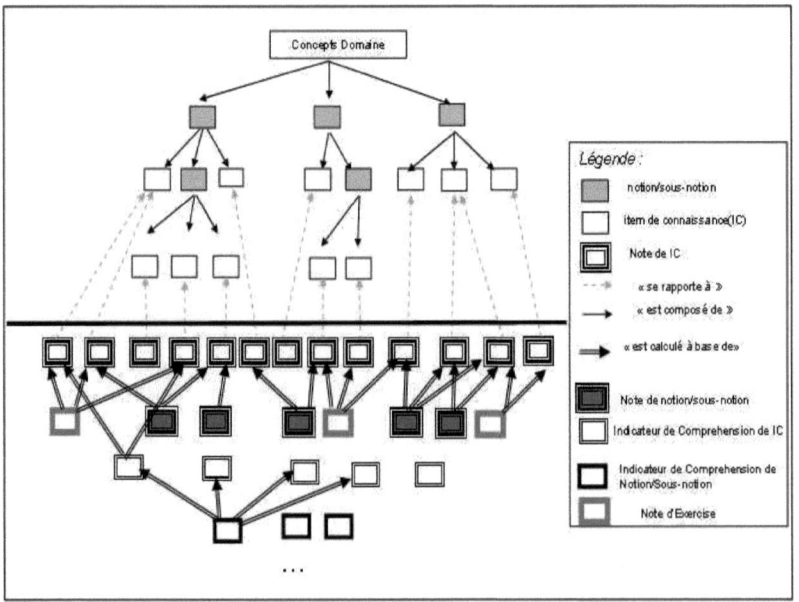

Figure 22. « Effet Miroir » entre notes calculées et hiérarchie de décomposition du domaine

La notation granulaire donne à l'enseignant ou en général au superviseur de l'enseignement le pouvoir d'apprécier la progression de l'apprenant à des niveaux de détails différents selon le besoin, un peu comme la fonction «Zoom » de certains éditeurs qui font voir de plus prés certains détails au moment voulu.

Il est évident que la synthèse des notes granulaires donc correspondants à différents items de connaissances, pour différents apprenants et différentes sessions est un travail à automatiser. En effet, il est pratiquement impossible pour un enseignant humain, en dehors d'une évaluation diagnostic concernant un cas particulier d'apprenant en difficulté face à certaines notions, de réaliser cette synthèse. En effet 100% des enseignants auxquels nous avons demandé l'avis sur la possibilité de réaliser cette synthèse (soit environ 200 enseignants de notre université) ont répondu par non. Cependant, 100% des enseignants pensent que ce serait très intéressant, pour l'évaluation des apprenants et pour l'amélioration de l'enseignement d'avoir cette synthèse.

La mise en œuvre de cette notation granulaire est réalisée grâce à un ensemble de formules polynomiales de calculs que nous détaillons dans la section suivante.

IV-3-2. Les formules de calcul

L'élaboration des formules présentées dans ce qui suit nous a permis de constater la difficulté de reproduire avec un système informatique la capacité d'un correcteur humain à noter le fond d'une solution même quand la forme comporte des erreurs. En effet, cette capacité permet de noter le fond sans boucler sur la correction de la forme (ce que les enseignants font quand ils corrigent les copies d'examen). Dans le cas de la notation automatique, s'il y a des erreurs de forme, il devient particulièrement difficile d'obtenir une évaluation correcte de la sémantique, d'où l'idée de donner à l'apprenant la possibilité de corriger ses erreurs dans la forme, la recherche d'erreurs sémantiques par le correcteur n'intervenant qu'après un certain nombre de tentatives de correction (limité par le pédagogue).

Il est aussi possible d'appliquer les formules qui vont suivre pour noter séparément la forme et la sémantique d'une solution qui peut servir en cas d'intérêts pédagogiques particuliers pour seulement la forme (l'apprentissage d'une langue, d'un formalisme, …) ou seulement pour la sémantique (apprentissage d'une technique, d'une méthode de résolution, …). Les formules proposées dans cette section sont valables pour une notation de la forme, la notation de la sémantique ou encore des deux combinées. Chacune de ces alternatives a été testée dans le cadre des études de cas du chapitre V.

Dans les formules suivantes, considérons que le nombre d'erreurs détectées, données de base pour nos formules, sera représenté, pour une notation combinée de la forme et de la sémantique, par :

- la somme du nombre d'erreurs de forme (comme les erreurs lexico-syntaxiques pour le cas de solutions sous forme textuelle) et du nombre d'erreurs sémantiques si l'apprenant a su corriger ses erreurs de forme après le nombre de tentatives permis par le pédagogue,

- le nombre d'erreurs de forme si l'apprenant n'a pas su les corriger après le nombre de tentatives permis par le pédagogue, de même que s'il n'a pas commis d'erreurs sémantiques, ce qui est le cas le plus limitatif,

- le nombre d'erreurs sémantiques si l'apprenant n'a pas d'erreurs de forme.

Les formules de calcul de notes que nous préconisons [Bouarab-Dahmani & al. 09a] [Bouarab-Dahmani & al. 09c] sont comme suit :

a- Note d'un IC par rapport à un exercice

Nij, qui est la note de l'IC ICi évoqué dans l'exercice $Exoj$, dépend du nombre $NDij$ d'erreurs détectées sur cet IC, et du nombre total NTi d'erreurs référencées dans la base d'erreurs et qui sont reliées à cet IC. Ainsi pou chaque exercice résolu par l'apprenant et qui évalue cet item IC, celui-ci aura une note. La formule proposée est la suivante :

$$Nij = (1 - NDij / NTi) \quad \text{Avec } 0 <= Nij <= 1 \text{ et } NTi > 0$$

b- Note d'un exercice :

La note $NExj$ de l'exercice j sera donnée par :

$$NExj = \sum_{i=1}^{i=NICj} Pij * Nij$$

Où :

$NICj$: est le nombre d'IC évalués par l'exercice j
Nij : est la note de chaque ICi dans l'exercice j, i étant compris entre 1 et $NICj$,
Pij : est le coefficient qui indique l'importance de l'item ICi pour l'exercice j en fonction de l'objectif pédagogique assigné à l'exercice j.

c- Note d'une *notion*

La note d'une notion dépend des notes de ses notions composantes définies par l'ontologie. Ainsi les notes des notions du premier niveau de l'arbre de composition d'un domaine (qui a pour feuilles les items de connaissances) vont se calculer à base des notes des IC. En posant l'hypothèse (du moins à ce stade de nos recherches) que les composantes d'une notions ne sont pas pondérées autrement dit ont toutes le même degré d'importance pour la notion. NN_{Lj}, la note de la notion j du niveau **L** de l'arbre de composition du domaine est la moyenne des notes de ses composantes du niveau **L-1** donnée par la formule suivante :

$$NN_{Lj} = \sum_{i=1}^{i=NICj} NN_{(L-1)ij} / NICj \;;$$

$NICj$ étant le nombre de composantes de la notion j.

Nous noterons toutefois que la note d'une notion avant la fin de l'apprentissage de tout le domaine peut être incomplète. En effet son calcul dans le cas où certains de ses items de connaissances composants n'ont pas été encore évalués par les exercices résolus par l'apprenant pose un problème. Selon les objectifs pédagogiques, on peut choisir soit de faire ce calcul à la dernière session, donc à titre sommatif, où tous les IC auraient été tous évalués, soit de faire le calcul d'une note incomplète qui servira pour une évaluation formative. Dans ce dernier cas, nous proposons un calcul de note de notion par défaut en affectant la note zéro aux items non encore évalués ou par excès en omettant les IC non encore évalués de la moyenne ce qui réduit *NICj* au nombre de composantes de la notion j déjà évaluées. Pour le cas de note incomplète, il y a lieu de préciser (à la sauvegarde du résultat) à chaque fois les items déjà évalués utilisés pour le calcul de la note et ceux qui restent à évaluer pour l'adaptation, au besoin, des sessions suivantes.

d-. *Note d'une session de N exercices*

NS est la note obtenue par l'apprenant après avoir traité N exercices différents d'une session d'apprentissage donnée. Son calcul consiste à faire la moyenne des N notes obtenues respectivement pour les N exercices pondérées par le degré de difficulté de chaque exercice *(DDExj)* défini par le tuteur, par exemple compte tenu du nombre d'IC mis en jeu et/ou des combinaisons d'IC nécessaires à la résolution de l'exercice. On aura donc :

$$NS = \sum_{j=1}^{j=N} DDExj * NExj / \sum_{j=1}^{j=N} DDExj$$

La note de la session est donc nécessairement évolutive jusqu'à sa fermeture car elle est actualisée par recalcule à chaque résolution d'un nouvel exercice par l'apprenant.

e- *Indice de compréhension d'un IC durant une session*

L'indice de compréhension *IndCi* d'un item de connaissance ICi est un pourcentage incrémental qui évalue globalement le degré de compréhension de cet IC par l'apprenant, compte tenu des notes obtenues relativement à cet IC dans N exercices traités durant la session. Nous proposons de le calculer par :

$$IndCi = (\sum_{j=1}^{j=N} (DDExj * Nij) / \sum_{j=1}^{j=N} DDExj) * 100$$

De même que la note de session, l'indice de compréhension est aussi nécessairement évolutive et sera donc actualisée par recalcule à chaque résolution d'un nouvel exercice par l'apprenant pour obtenir l'indice relatif à une session. Nous suggérons aussi, sauf indication contraire de la part du superviseur de l'apprentissage, son actualisation d'une session à l'autre pour cumuler les effets des évaluations locales des sessions précédentes respectives.

f- *Indice de compréhension d'une notion durant une session*

L'indice de compréhension $IndN_{Li}$ d'une notion N_{Li} est un pourcentage évolutif, qui estime la compréhension de l'apprenant pour cette notion, en utilisant les indices de compréhension obtenus pour l'apprenant pour chacun des N items de connaissances et/ou notions qui la composent. Nous proposons de le calculer comme suit :

$$IndN_{Li} = (\sum_{j=1}^{j=N} (IndN_{(L-1)j} / N))$$

Nous noterons toutefois, comme pour le cas de la note de notion, que l'indice de compréhension d'une notion avant la fin de l'apprentissage de tout le domaine peut être incomplet. Les choix pédagogique concernant le calcul ou non du paramètre suit ceux concernant le calcul des notes respectives des notions.

IV-4- Mise à Jour du Modèle de l'Apprenant avec ODALA

Le modèle de l'apprenant permet de disposer d'informations sur les aptitudes, les connaissances et les lacunes propres à chaque apprenant. L'objectif de la construction de ce modèle est donc de guider le tuteur à prendre les décisions d'enseignement les mieux adaptées à l'apprenant [Tchétagni & Nkambo 02]. Le processus d'adaptation correspond essentiellement à un filtrage de ressources [Bouzeghoub & al. 05] qui se base sur un ensemble de paramètres relatifs à l'état des connaissances de l'apprenant, à ses comportements et préférences, ainsi qu'aux objectifs des sessions d'apprentissage. Dans ce cadre, le processus d'évaluation que nous venons de présenter permet d'obtenir des informations sur l'état des connaissances de l'apprenant à chacune des trois étapes.

Nous proposons donc de répercuter les informations ainsi obtenues (erreurs détectées, indices de compréhension de l'apprenant, notes, …) sur le modèle de l'apprenant à travers la définition de différentes structures. Les valeurs ainsi conservées doivent permettre au superviseur de l'apprentissage d'adapter ses orientations aux connaissances de l'apprenant directement et/ou de déduire d'autres paramètres. Le phénomène de propagation issue de la notation granulaire fait sortir deux types de résultats de l'évaluation :

- Les Résultats de base non calculables par les foncions définies par des formules : nous avons essentiellement, dans cette catégorie, *le nombre d'erreurs détectées* après la résolution d'un exercice par un apprenant durant une session et *la liste d'erreurs* correspondante.

- Les Résultats calculables par les foncions définies par les formules dont nous avons données certaines au niveau du point précédent de ce chapitre.

Si les résultats non calculables doivent être impérativement sauvegardés dans le modèle de l'apprenant, les résultats calculables par des formules explicitées peuvent être déduits en intégrant des fonctions adéquates implémentant ces formules au niveau du module de gestion du modèle apprenant. Ces fonctions doivent aussi être exécutables à partir de l'évaluateur pour un calcul immédiat après diagnostic vu que le module apprenant a la particularité de pouvoir faire ses calculs même en dehors des sessions apprenant.

Pour se faire, bien que le sujet de notre thèse ne concerne pas directement la modélisation et gestion du modèle apprenant, nous proposons quelques structures nécessaires pour ne pas « perdre » les résultats de l'évaluation. Nous définissons notamment les matrices suivantes :

- **La *matrice des erreurs*** : dans laquelle on affecte, pour chaque apprenant, sa liste des codes des erreurs détectées pour chaque exercice résolu durant une session donnée, ou le caractère # si l'exercice pointé n'a pas encore été résolu ni durant la session courante ni durant les sessions précédentes (cf. Tableau 3). L'intérêt d'une telle structure est formatif si le résultat est utilisé tel quel pour observer les erreurs et chercher leurs origines respectives en utilisant les liens de l'ontologie. Les données de cette matrice, sachant que le nombre d'erreurs détectées est déductible de la liste, vont aussi permettre de calculer les autres notes en commençant par le calcul des notes des IC.

Cette matrice est considérée de base vu qu'elle est non calculable après le changement d'exercices durant la session.

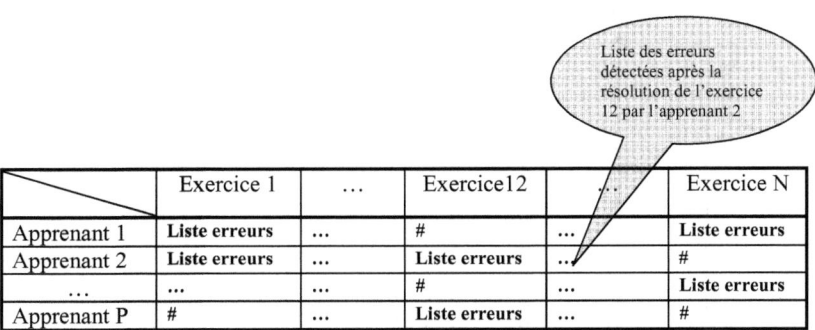

	Exercice 1	...	Exercice 12	...	Exercice N
Apprenant 1	Liste erreurs	...	#	...	Liste erreurs
Apprenant 2	Liste erreurs	...	Liste erreurs	...	#
...	...	...	#	...	Liste erreurs
Apprenant P	#	...	Liste erreurs	...	#

Tableau 3. Vue sur la matrice des erreurs

- **La *matrice de compréhension des IC*** : dans laquelle on affecte, pour chaque apprenant, son indice de compréhension relativement à chaque IC en indiquant la valeur calculée quand l'IC est traité par au moins un exercice, ou le caractère # s'il n'a pas été évoqué dans les exercices proposés (cf. Tableau 4). L'intérêt d'une telle structure apparaît surtout dans le déroulement de la session suivante, en permettant par exemple au tuteur de proposer des exercices concernant les IC non référencés, d'augmenter le niveau de difficulté pour ceux où l'indice est égal à 100 %, ou encore de suggérer la consultation ou révision d'un cours sur les IC à indice inférieur à 30%, ...

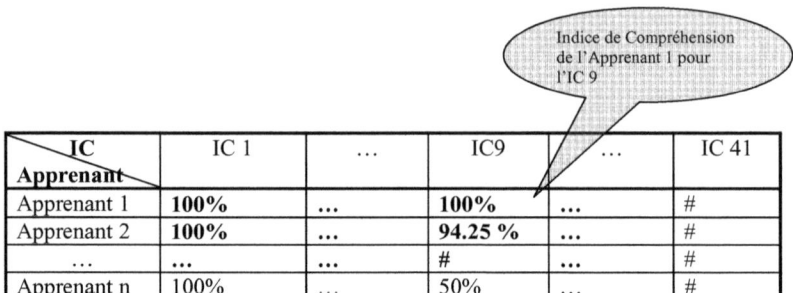

IC Apprenant	IC 1	...	IC9	...	IC 41
Apprenant 1	100%	...	100%	...	#
Apprenant 2	100%	...	94.25 %	...	#
...	...	...	#	...	#
Apprenant n	100%	...	50%	...	#

Tableau 4. Exemple de matrice de compréhension

- **La *matrice d'exercices* :** qui indique pour chaque exercice et chaque apprenant la note obtenue durant la session d'apprentissage et le caractère spécial # si l'exercice n'a pas été traité (cf. Tableau 5). Dans chacun des cas la valeur est interprétée pour mieux décider sur les exercices à proposer aux prochaines sessions.

	Exercice 1	...	Exercice12	...	Exercice20
Apprenant 1	20	...	20	...	#
Apprenant 2	20	...	19,33	...	#
...	...	...	18	...	#
Apprenant n	20	...	10	...	#

Tableau 5. Exemple de matrice d'exercices

- **La *matrice incomplète de compréhension des notions* :** indique pour chaque notion et chaque apprenant le résultat obtenu durant la session d'apprentissage ou le caractère spécial # si la notion n'a pas été du tout évaluée, ce qui arrive lorsque aucune des composantes de la notion n'est évaluée.

	Notion 1	...	Notion 12	...	Notion N
Apprenant 1	Résultat	...	#	...	Résultat
Apprenant 2	Résultat s	...	Résultat	...	#
...	...	...	#	...	Résultat
Apprenant P	#	...	Résultat	...	#

IndN — Liste des composantes

Tableau 6. Vue sur la matrice incomplète des notions

Le résultat est un enregistrement (cf. Tableau 6) comprenant d'une part l'indice de compréhension de la notion, qui est dans la majorité des cas incomplet, et la liste des codes des composantes de la notion évaluée donc qui ont servi au calcul de l'indice. Dans chacun des cas la valeur est interprétée pour mieux décider sur les composantes du domaine à évaluer (via les exercices à proposer) aux prochaines sessions.

- **La *matrice finale de compréhension des notions* :** indique pour chaque notion et chaque apprenant l'indice de compréhension (IndN) de la notion à la dernière session qui marque la fin de l'apprentissage (cf. Tableau 7). Le caractère spécial # est rencontré dans la matrice si certains apprenants n'ont pas été concernés par certaines notions ou que l'apprentissage ne s'est pas terminé normalement. Ces alternatives et exceptions font parties de la pédagogie du système EIAH.

	Notion 1	...	Notion 12	...	Notion N
Apprenant 1	Résultat	...	#	...	Résultat
Apprenant 2	Résultat s	...	Résultat	...	#
...	...	...	#	...	Résultat
Apprenant P	#	...	Résultat	...	#

Résultat — *IndN*

Tableau 7. Vue sur la matrice finale de compréhension des notions

Conclusion

Nous avons proposé, dans ce chapitre, une approche d'évaluation automatisée des connaissances d'un apprenant basée sur la modélisation d'un domaine d'enseignement sous forme d'une ontologie, destinée à faciliter l'automatisation de l'évaluation des apprenants en mode d'auto-apprentissage. Une telle structuration du domaine est essentielle car elle permet de représenter la connaissance du domaine par décomposition en notions et IC, puis de répercuter les résultats du diagnostic sur chacune de ces composantes pour en déduire une évaluation globale. Nous avons aussi distingué les processus de détection d'erreurs en nous basant sur la taxonomie de celles-ci proposées par l'ontologie du domaine.

Le calcul des différents paramètres lors de l'étape de notation est réalisé avec des formules polynomiales en utilisant les erreurs détectées (dont des erreurs sémantiques) après correction de réponses librement construites par des apprenants, les questions étant ouvertes. C'est là également un aspect intéressant s'agissant de systèmes d'apprentissage par l'exercice, qui se contentent généralement d'une évaluation dichotomique (connaît ou ne connaît pas) et de questions fermées (QCM, cases à cocher, ...).

Notre approche a fait l'objet de deux premières mises en oeuvre au sein de deux prototypes de système d'auto-apprentissage à distance respectivement destinés pour l'enseignement de l'algorithmique et l'enseignement des bases de données relationnelles. Le chapitre suivant décrit ces deux prototypes et discute les résultats des différentes expérimentations conduites pour évaluer nos propositions.

CHAPITRE V
Applications

Introduction

Nous présentons dans ce chapitre la mise en œuvre de notre approche pour la modélisation de domaines d'enseignement et l'évaluation automatisée d'apprenant en « Learning by doing » avec des questions ouvertes, dans le cadre du développement de prototypes de systèmes d'enseignement de domaines choisies. Nous avons opté pour deux modules de la formation universitaire LMD qui sont : l'algorithmique de base (enseigné au semestre 1 du tronc commun LMD mathématiques et informatique) et les bases de données relationnelles (BDDR) (enseigné au semestre 4 de la deuxième année LMD informatique). Nous avons donc développé dans un premier temps des systèmes d'enseignement à distance autonomes respectivement pour l'algorithmique et les BDDR. Ensuite, nous avons expérimenté les possibilités d'un environnement d'apprentissage de plusieurs domaines basé sur la plate forme MOODLE où les prototypes développés pour l'auto-apprentissage sont intégrés.

V-1- Enseignement de l'Algorithmique de Base

Nous avons mis en oeuvre l'approche ODALA proposée à travers le développement d'un environnement d'auto-apprentissage à distance d'un pseudo-langage algorithmique en Français pour des débutants en programmation du premier cycle universitaire.

Le système WebSiela (Système Intelligent d'Enseignement d'un Langage Algorithmique via le Web) (cf. Figure 23) est une reformulation Web avec différentes améliorations et extensions issue des ontologies, de l'approche ODALA, des environnements Web et du système Siela déjà développé précédemment comme composante experte du domaine d'un tuteur intelligent pour l'enseignement de l'algorithmique [Bouarab-Dahmani 00].

La première étape du développement de WebSiela concerne la génération de la base de connaissance d'OntoAlgo par instanciation du modèle ontologique proposé pour domaine d'enseignement OntoTDM. Ensuite, le module de diagnostic est développé, les module de notation et de mise à jour du modèle apprenant sont paramétrés (vu que les fonctions de ces deux modules ne changent pas par changement de domaine). Après le développement du prototype de WebSiela, des expérimentations ont été conduites avec des étudiants suivies d'une analyse des résultats. Un bref aperçu de ces étapes est décrit dans les sections suivantes de ce paragraphe.

Chapitre V : Applications

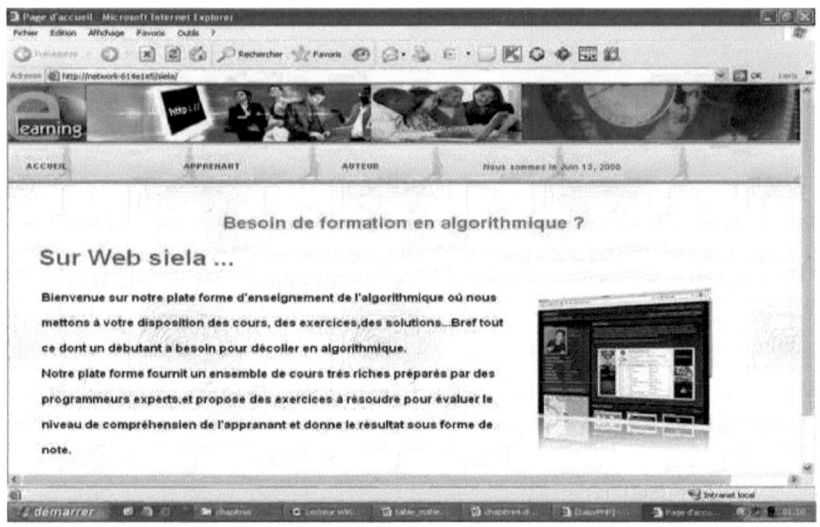

Figure 23 : Page d'accueil du système WebSiela

V-1-1- Modélisation ontologique du domaine

OntoAlgo, l'ontologie du domaine de l'algorithmique est obtenue par instanciation d'Onto-TDM (décrite au chapitre III). OntoAlgo-Eval est l'ontologie de l'algorithmique utilisée dans le contexte de l'évaluation des connaissances. Avec le prototype courant destiné pour l'algorithmique de base où les structures de données et de contrôles complexes (enregistrement, procédures et fonctions, récursivité, déclaration de type, ...) ne sont pas considérés, OntoAlgo propose trois niveaux de décomposition : Notions, Sous-Notions et Items de connaissances.

L'implémentation de cette ontologie est faite dans une base de données MySQL. Les règles de l'ontologie sont pour la plupart incorporées dans les scripts manipulant cette BDD. Les résultats de manipulation de l'ontologie sont formatés avec le langage XML et des feuilles de style XSL. Les langages de scripts utilisés sont essentiellement PHP et JAVASCRIPT. Nous avons aussi utilisé l'environnement EASYPHP utilisant les serveurs APACHE et MYSQL. L'acquisition des connaissances (notions, exercices, erreurs, ...) de l'ontologie se fait via une interface d'acquisition réutilisable appelée *Espace auteur* dans WebSiela (cf. Figure 24).

Chapitre V : Applications

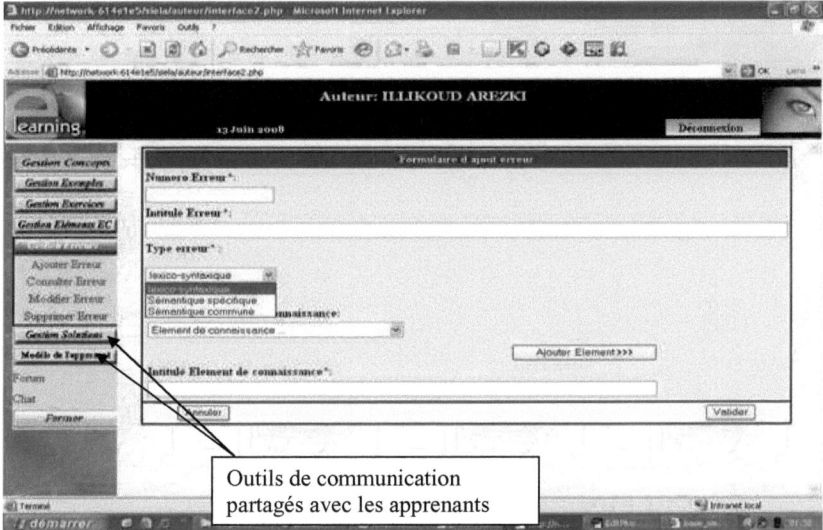

Figure. 24: Formulaire d'ajout d'erreur

Ainsi, le Tableau 8 résume les principales notions, sous notions et items de connaissances implémentés dans le prototype réalisé explicitant aussi le lien de composition entre ces composantes. La base de données ainsi implémentée compte douze (12) notions et sous notions, cinquante (50) IC, vingt (20) exercices dont huit (8) sont paramétrés, ainsi qu'une base d'erreurs référençant une centaine d'erreur de forme (lexico-syntaxiques) et une centaine d'erreurs sémantiques.

Pour illustrer le fonctionnement du modèle ontologique ainsi constitué, prenons l'exemple d'un exercice mis en œuvre dans le prototype que nous avons développé dans le cadre de cette recherche. L'énoncé de cet exercice (Exercice 12 dans le prototype WebSiela), est le suivant : « *Ecrire un algorithme qui lit un caractère et affiche le message 'Ceci est un A' s'il s'agit de la lettre A*» (cf. Tableau 9).

Conformément au modèle précédent, les notions requises par la résolution de cet exercice comprendront au moins une déclaration de variable, l'utilisation d'une instruction d'entrée/sortie, et l'emploi d'une structure conditionnelle. Le tableau 9 permet de représenter le même exercice en ignorant les notions « transitoires », et de se focaliser uniquement sur les notions du premier niveau de l'arborescence en partant de sa racine et les IC associés (feuilles). La dernière colonne de ce tableau, quand à elle, comporte un certain nombre de coefficients que nous avons associés à chacun des IC référencés. Ces coefficients permettent au pédagogue de pondérer l'importance de chaque IC dont l'exercice a pour but d'évaluer la maîtrise.

Notions	Sous Notions	Items de connaissance
-Structuration d'un algorithme		- Syntaxe de l'en-tête - Délimitation du corps - Syntaxe d'une instruction - Forme d'instruction de bloc - Lexique des mots
-Déclarations	Déclaration de constantes	- Forme générale de déclaration de constantes - Déclaration de constantes numériques - Déclaration de constantes booléennes - Déclaration de constants caractères - Les identificateurs
	Déclaration de variables	- Forme générale de déclaration de variables - Déclaration de variables entières - Déclaration de variables réelles - Déclaration de variables caractères - Déclaration de variables booléennes - Les identificateurs
	Déclaration d'un Tableau	-Forme générale de déclaration de variables – Forme générale de déclaration de la variable tableau -Syntaxe de déclaration de la variable tableau - Les identificateurs - Déclaration de tableau d'entiers - Déclaration de tableau de réels - Déclaration de tableau de booléens - Déclaration de tableau de caractères
-E/S de données		- Délimitation d'instruction d'E/S - Lecture de variables - Ecriture de variables - Ecriture de messages -Enchainement entre la lecture et l'écriture de variable -Enchainement entre la lecture de variable et l'écriture de messages
-Instruction d'affectation		-Syntaxe d'une instruction d'affectation -Sémantique dans une instruction d'affectation - L'opérateur d'affectation - Ecriture d'expression
-Instruction alternative		-Syntaxe d'une instruction conditionnelle -Ecriture d'expression - Forme d'instruction de bloc
Instruction itérative		- Ecriture d'expression - Forme d'instruction de bloc
	La boucle « Tant que »	– Syntaxe générale de la boucle « Tant que » - Syntaxe de l'expression de la boucle « tant que » - Initialisation du compteur d'itération de la boucle « tant que » – Incrémentation du compteur d'itération de la boucle « tant que »
	La boucle « Pour »	- Syntaxe générale de la boucle « Pour » - Syntaxe de l'expression d'une boucle « Pour » - Compteur d'itération d'une boucle « Pour »
Instruction sur la structure Tableau		– Lecture des éléments d'un tableau - Affichage des éléments d'un tableau -Tri des éléments d'un tableau

Tableau 8. Principales instances des notions et IC d'OntoAlgo

Énoncé de l'exercice	Notions correspondantes	IC correspondants	Coefficient
« Ecrire un algorithme qui lit un caractère et affiche le message 'C'est un A' s'il s'agit de la lettre A »	-Structuration d'un algorithme -Déclaration de variables -E/S de données -Instruction alternative	-Syntaxe de l'en-tête -Forme générale d'une déclaration de variable -Délimitation du corps d'algorithme -Structure d'un algorithme -Syntaxe d'une instruction -Ecriture d'expression -Syntaxe d'une instruction conditionnelle -Délimitation d'une instruction d'E/S -Lecture de variable -Ecriture de message -Forme d'instruction de bloc -Lexique des mots -Déclaration de variables caractère -Les identificateurs	1 1 1 1 1 1 3 1 1 3 1 1 3 1

Tableau 9. Caractérisation d'un exercice d'algorithmique par les notions et les IC.

La figure 25 montre que chaque exercice permet de définir un sous domaine d'enseignement par projection par rapport aux composantes, situées à différents niveaux du modèle ontologique du domaine d'enseignement considéré, évaluées par l'exercice.

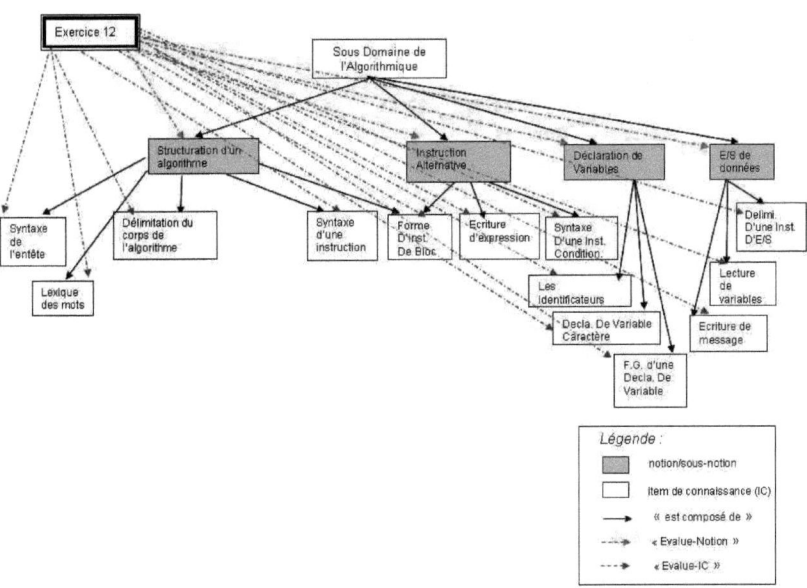

Figure. 25. Exemple de la projection de l'exercice 12 sur le sous domaine de l'algorithmique

A titre d'exemple, dans le cas de l'exercice précédent, les erreurs « *écriture de message inexistante* », ou « *instruction alternative non utilisée* » seraient des E.S.S. alors que des erreurs comme « *type de l'identificateur différent du type de l'expression qui lui est affecté* » ou « *identificateur non déclaré* » seraient des E.S C.

V-1-2- Diagnostic des erreurs

Selon l'approche ODALA, le diagnostique des erreurs se décompose en ces deux étapes :
- *l'analyse de la forme des algorithmes* : puisque les algorithmes solutions de l'apprenant pour l'exercice proposé ont une forme textuelle correspondant au pseudo langage algorithmique proposé (cf. annexe A), cette analyse est basée sur une grammaire définie pour ce langage. Cette grammaire permet donc la détection d'erreurs lexico syntaxiques. La saisie des solutions étant faite via un éditeur de textes.

La figure 26 montre l'environnement de résolution d'exercice disponible dans l'espace apprenant avec les erreurs lexico-syntaxiques détectées après l'analyse de la forme de la solution tapée par l'apprenant (dans la fenêtre droite de l'écran).

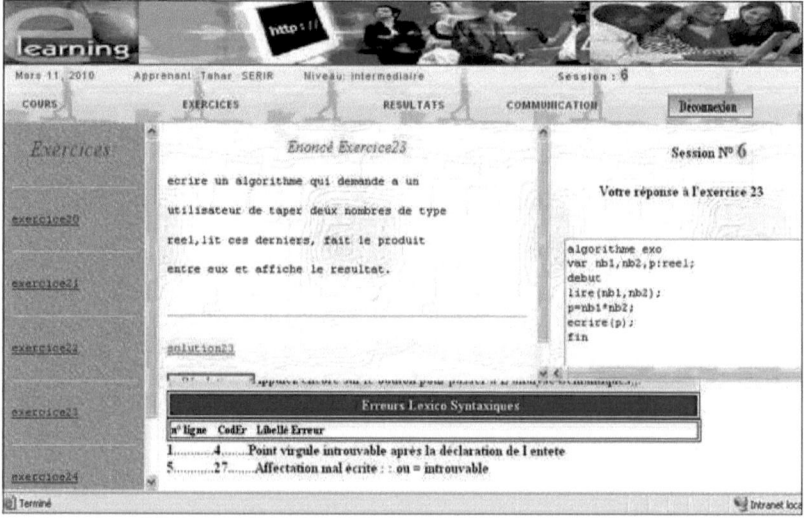

Figure 26. Réponse de l'analyseur quand il y a des erreurs lexico-syntaxiques.

- *L'analyse de la sémantique des algorithmes* : permet de détecter des erreurs sémantiques communes grâce à des fonctions intégrées dans la grammaire d'analyse lexico syntaxique. Les erreurs sémantiques spécifiques sont détectées par des règles de détections de caractéristiques exécutées dans un module après l'exécution des différentes fonctions de la grammaire. La figure 27 montre l'affichage de quelques erreurs sémantiques.

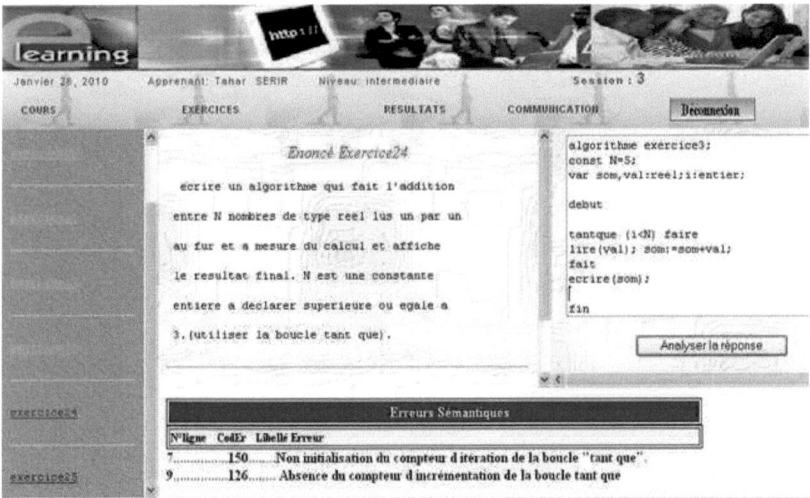

Figure 27. Réponse de l'analyseur quand il y a des erreurs sémantiques

V-1-3- Le processus de notation et la mise à jour du modèle apprenant

L'implémentation des formules et de la méthode de calcul de notes et paramètres de l'approche ODALA donne lieu à un module de notation réutilisable qui peut être appelé, avec des paramètres adéquats, à partir du système d'évaluation et/ ou à partir du module de l'apprenant.

Les données calculées (note d'exercice, indice de compréhension des IC, ...) sont alors stockées dans des structures accessibles depuis l'espace auteur (cf. Figure 28) ou l'espace apprenant comme l'indiquent les figures Figure 29, Figure 30.

Chapitre V : Applications

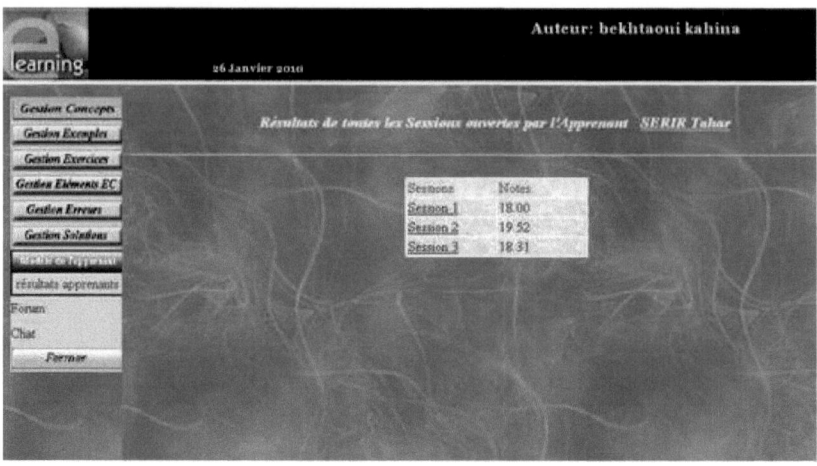

Figure 28. Vue sur les notes de sessions d'un apprenant à partir de l'espace auteur

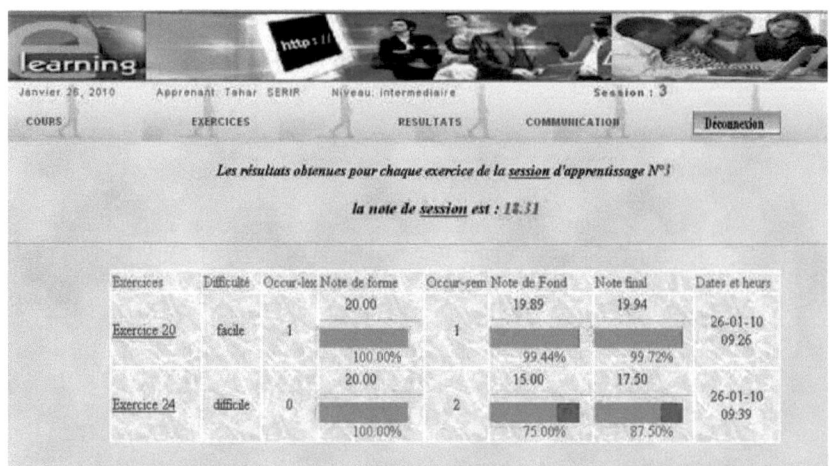

Figure 29 Vue sur les notes des exercices dans l'espace apprenant

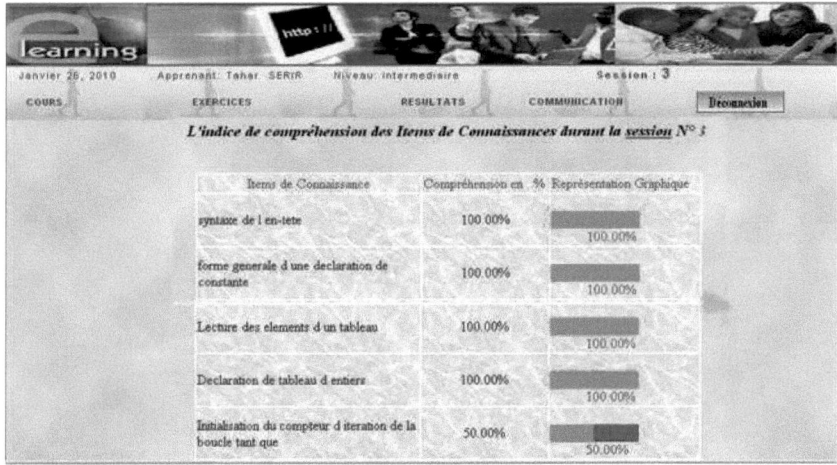

Figure 30. Vue sur les indices de compréhension des items de connaissances de la session courante à partir de l'espace apprenant

V-1-4- Autres fonctionnalités du système WebSiela

En plus du module d'exercices, le système WebSiela est doté de certaines fonctionnalités qui lui assurent un fonctionnement en tant que plate-forme autonome au cas où elle n'est pas intégrée à un autre EIAH de type LMS. Nous avons notamment :

- La génération de cours (ressources de type documents) qui utilise les liens de l'ontologie (composé de, prérequis de, ...) pour naviguer entres les documents cours correspondant aux notions (cf. Figure 31) et les documents de type sections correspondant aux items de connaissances.

- Et des outils de communication comme le forum, le chat et la messagerie.

V-1-5- Tests et résultats

Des tests ont été réalisés à partir de copies d'examen d'un groupe de trente étudiants de première année LMD mathématique et informatique de notre université. Trois exercices du prototype réalisé ont fait objet de l'examen proposé. Les copies ont été corrigées par deux enseignants humains et par le module d'évaluation de WebSiela.

Chacun des taux de détection d'erreurs synthétisés dans le tableau 10 et représenté par les figures 32 et 33 est calculé en fonction du taux d'erreurs détectées (par rapport au nombre d'erreurs existant dans la solution) pour chaque copie parmi les trente.

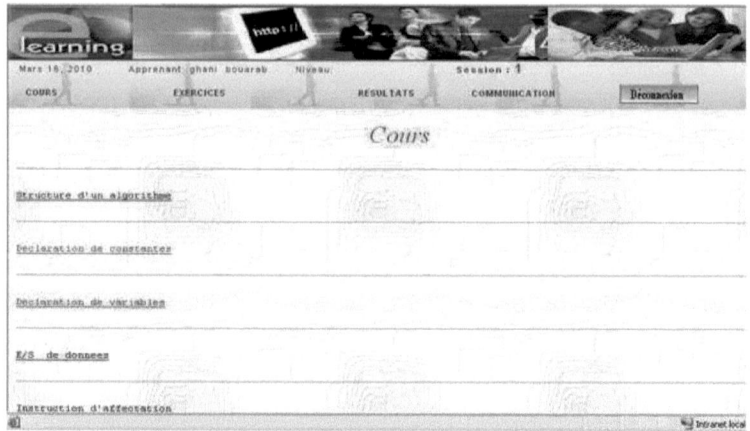

Figure 31. Présentation de la liste des cours

	Erreurs Lexico_Syntaxiques détectées et commises	Erreurs Lexico_Syntaxiques détectées et non commises	Erreurs Sémantiques présentes dans la base d'erreurs	Erreurs Sémantiques absentes de la base d'erreurs
Taux de détection par WebSiela	91,27 %	35 % (7 parmi les 20 copies où il y a des erreurs lexico-syntaxiques)	100%	0
Taux de détection par le correcteur 1	96,56	0	97,23	100
Taux de détection par le correcteur 2	100	0	100	98,33

Tableau 10 : Taux de détection d'erreurs [Bouarab-Dahmani & al. 08c]

L'interprétation de ces résultats montre que le processus de correction automatique mis en œuvre dans WebSiela se rapproche de la correction humaine, à l'exception notable [Bouarab-Dahmani & al. 09b] :

- des erreurs détectées non commises qui est un problème connu en compilation. En effet certaines erreurs lexico-syntaxiques faussent la suite de l'analyse et donnent lieu à d'autres erreurs. Lorsque, par exemple, le mot clé « Tant que » est mal écrit, la suite de la boucle est mal analysée puisque les règles syntaxiques correspondantes ne vont pas être appliquées. Ceci fait d'ailleurs l'objet de nos travaux actuels dans le sens d'une plus grande adaptation du processus de diagnostic des erreurs à ce type d'anomalie,

- des erreurs sémantiques commises non détectées du fait qu'elles sont absentes dans la base d'erreurs du système qui est évidemment incapable de les détecter. Il va de soi que sur ce plan le problème consiste à enrichir jusqu'à l'exhaustivité, autant que possible, la base d'erreurs sémantiques du système. L'expérimentation menée a d'ailleurs déjà été très instructive sur ce point.

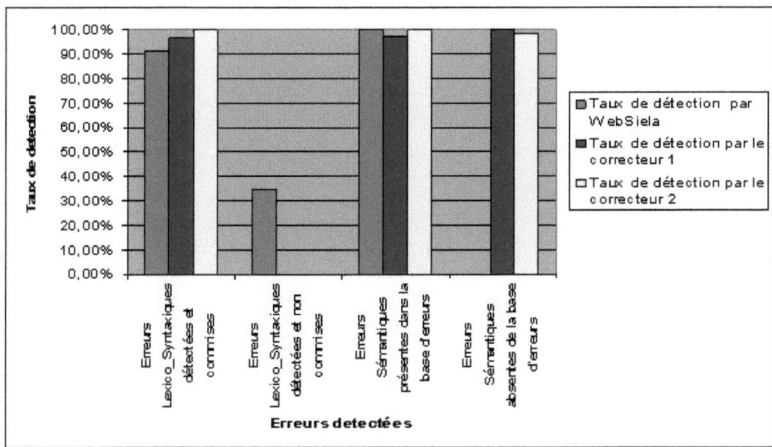

Figure 32. Histogrammes des taux de détection de WebSiela

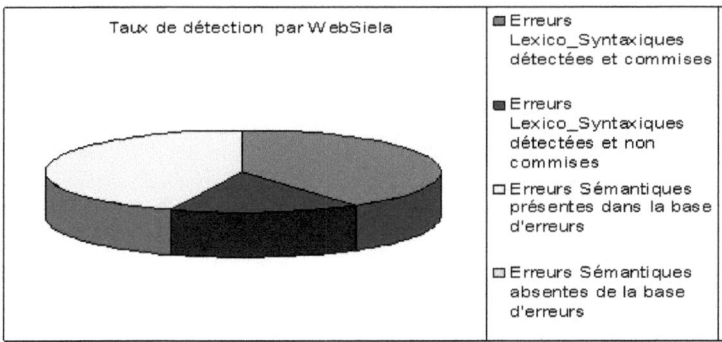

Figure 33. Taux de détection de WebSiela par Type d'Erreurs

Notons enfin que les corrections de WebSiela sont généralement plus détaillées et plus uniformes d'un étudiant à un autre alors que certaines corrections d'enseignants humains sont vagues (les erreurs ne sont pas précisées) et parfois fortement variables d'une copie à l'autre.

Le développement de WebSiela s'est fait d'une façon incrémentale par des personnes différentes qui n'ont trouvé aucune difficulté à améliorer la version précédente. En effet les douze personnes impliquées dans le développement de WebSiela (étudiants en fin de cycle ingénieur de notre université) pensent que l'approche ODALA (représentation du domaine et l'approche d'évaluation) les a aidés à comprendre la version de départ et à procéder à l'extension ou à l'amélioration sans aucune difficulté. Cette constatation est très importante et encourageante vu que le développement d'un EIAH en général et de l'évaluation automatisée en particulier sont nécessairement réalisés par des concepteurs et programmeurs différents.

Ces résultats illustrent, au moins dans ses objectifs premiers, la validité de notre approche et confirment la nature incrémentale du processus d'évaluation automatisée. La mise à disposition du prototype réalisé au profit d'un plus grand nombre d'apprenants, actuellement en cours, va sans doute nous permettre d'affiner un peu plus le processus de diagnostic et de perfectionner le système WebSiela pour en améliorer ses performances.

V-2- Enseignement des Bases de Données Relationnelles

Les Bases de Données occupent aujourd'hui une place de plus en plus importante dans les systèmes informatiques. Les Systèmes de Gestion de Bases de Données (SGBD) remplacent les anciennes organisations où les données, regroupées en fichiers, restaient liées à une application particulière. Ils assurent le partage, la cohérence, la sécurité, … des données qui permettent la production de l'information qui, de plus en plus, constitue le cœur de l'entreprise.

Le modèle relationnel a été proposé par le mathématicien américain E.F Codd dans les années 70. Codd a initialement introduit des opérateurs d'algèbre relationnelle inspirés de l'algèbre mathématique pour la manipulation d'une base de données relationnelle (BDDR) représentée par son schéma et ses occurrences. Les opérations de base peuvent être classées en deux types : les opérations ensemblistes traditionnelles et les opérations spécifiques. Les opérations ensemblistes sont des opérations binaires, c'est-à-dire qu'à partir de deux relations elles en construisent une troisième. Ce sont l'union, la différence et le produit, … Les opérations spécifiques sont les opérations unaires de projection et de restriction qui, à partir d'une relation, en construisent une autre, et l'opération binaire de jointure. Cet ensemble d'opérations peut être représenté soit sous forme graphique (Arbre algébrique) soit sous forme littérale (expression algébrique) ou encore sous forme d'un programme exécutable par le SGBD.

L'enseignement du domaine des bases de données relationnelles est intéressant et important pour différents cursus et differents établissements d'enseignement tels que les disciplines informatique, management, marketing, gestion, …C'est aussi un domaine très convoité pour différentes formations de personnels en cas de migration vers les BDDR après l'utilisation par les organisations concernées d'autres types de BDD telles que les BDD réseaux ou hiérarchiques. En plus, ce domaine nécessite un apprentissage par l'exercice. C'est pour cela que nous l'avons choisi comme deuxième cas d'expérimentation des approches proposées pour la modélisation de domaines d'enseignement et l'évaluation automatisée de connaissances des apprenants. Nous avons aussi constaté que les systèmes EIAH destinés pour les BDDR sont rares en particulier quand des questions ouvertes résolues librement par des apprenants sont integrées

Nous avons mis en œuvre l'approche ODALA proposée à travers le développement d'un deuxième environnement d'auto-apprentissage à distance des BDDR appelé RDB-E-LEARN (Relational Database E-LEARNing) (cf. Figure 34). Le module d'exercices sera essentiellement destiné, à cette étape, pour des exercices sur l'algèbre relationnelle donc pour la manipulation d'une BDDR.

Un aperçu sur les étapes de développement de RDB-E-LEARN, similaires à celles déjà présentées dans l'étude du cas de l'algorithmique, est donné dans les sections suivantes de ce paragraphe.

V-2-1-. Modélisation ontologique du domaine

Les principaux concepts proposés dans [Bouarab-Dahmani & Si-Mohammed, 08d] et utilisés par l'approche ODALA sont : *Notions, items* de connaissances, *exercices et erreurs*. En plus nous avons les différents liens entre ces concepts.

RdbOnto, l'ontologie du domaine des BDDR est obtenue par instanciation d'Onto-TDM (décrite au chapitre III). RdbOnto-Eval est l'ontologie des BDDR utilisée dans le contexte de l'évaluation des connaissances. Le prototype courant est destiné pour les BDDR de base : généralités sur les BDDR, opérations de base de manipulation d'une BDDR, ...

RdbOnto propose trois niveaux de décomposition : Notions, Sous-Notions et Items de connaissances.

Comme pour WebSiela, l'implémentation de cette ontologie est faite dans une base de données MySQL et les règles de l'ontologie sont pour la plupart incorporées dans les scripts manipulant cette BDD. Aussi, les résultats de manipulation de l'ontologie sont formatés avec le langage XML et des feuilles de style XSL.

Les langages de scripts utilisés sont essentiellement PHP et JAVASCRIPT et une applet Java pour l'éditeur d'arbre algébrique. Nous avons aussi utilisé l'environnement EASYPHP utilisant les serveurs APACHE et MYSQL. L'acquisition des connaissances (notions, exercices, erreurs, ...) de l'ontologie se fait via l'interface d'acquisition réutilisable appelée *Espace auteur* déjà utilisée avec WebSiela.

Le Tableau 11 résume les principales notions, sous notions et items de connaissances implémentés dans le prototype réalisé explicitant aussi le lien de composition entre ces composantes. La base de données ainsi implémentée compte vingt (20) notions et sous notions, cent douze (112) IC, dix (10) exercices relatifs à des requêtes, ainsi qu'une base d'erreurs référençant une centaine d'erreur de forme (relatives aux formalismes des expressions algébriques) et une centaine d'erreurs sémantiques.

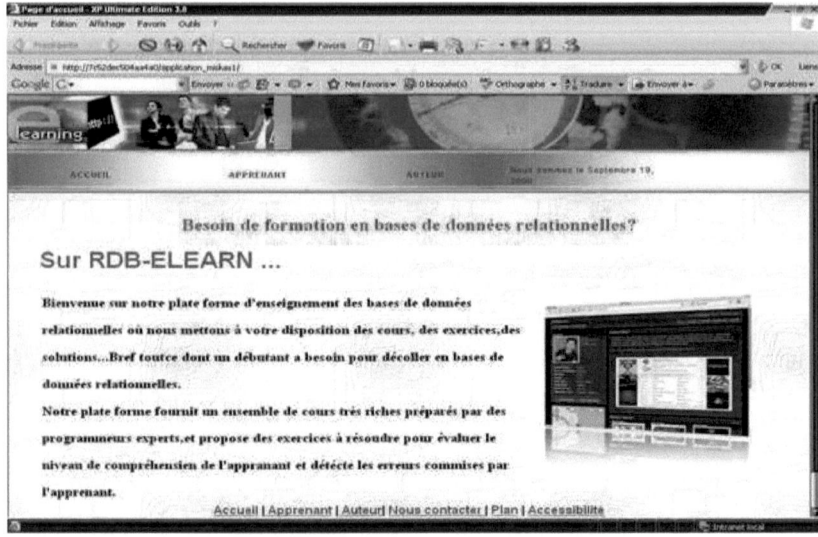

Figure 34. Page d'accueil du système RDB-E-LEARN

Notions	Sous Notions	Items de connaissance
Introduction au modèle relationnel	1. Rappels sur les bases données	1. Principe de l'approche bases de données 2. Définition d'une base de données 3. Catégories des bases de données
	2. Historique du modèle relationnel	4. Origine du modèle relationnel 5. Objectifs du modèle relationnel
	3. La relation.	6. Définition d'une relation 7. Attribut d'une relation 8. Degré d'une relation 9. Clé d'une relation 10. Schéma d'une relation 11. Domaine d'un attribut 12. Valeur nulle d'un attribut 13. Occurrence d'une relation 14. Cardinalité d'une relation
	4. Les règles d'intégrité	15. Contrainte d'unicité de la clé 16. Contrainte de référence 17. Contrainte d'entité 18. Contrainte de domaine
Algèbre relationnelle	5. Les opérateurs unaires	19. Principe des opérateurs unaires 20. Opérateur de la sélection 21. Opérateur du complément 22. Opérateur de la projection 23. Opérateur de l'auto jointure 24. Syntaxe d'une opération algébrique unaire

		6. Les opérateurs binaires	25. Principe des opérateurs binaires
			26. Opérateur de l'union
			27. Opérateur de l'intersection
			28. Opérateur de la différence25. Principe des opérateurs binaires
			29. Opérateur de l'union
			30. Opérateur de l'intersection
			31. Opérateur de la différence
			32. Opérateur du produit cartésien
			33. Opérateur de thêta-produit
			34. Opérateur de la jointure naturelle
			35. Opérateur de la jointure extérieure
			36. Opérateur de la semi-jointure
			37. Syntaxe d'une opération algébrique binaire
		7. Opération algébrique	38. Syntaxe de la condition
			39. Lexique du mot
			40. Syntaxe d'une opération algébrique
	Arbre algébrique	8. La représentation graphique des operateurs unaire	41. Principe des symboles unaires
			42. Formalise de la sélection
			43. Formalise du complément
			44. Formalise de la projection
			45. formalise de renommage
			46. formalise de représentation des opérateurs unaires
		9. La représentation graphique des operateurs binaire	47. Principe des symboles binaires
			48. Formalise d'union
			49. Formalise d'intersection
			50. Formalise de la différence
			51. Formalise du produit cartésien
			52. Formalise thêta-produit
			53. Formalise de la jointure naturelle
			54. Formalise de la jointure extérieure
			55. Formalise de la semi jointure gauche
			56. Formalise de la semi jointure droite
			57. Formalise de représentation des opérateurs Binaires
	Le langage SQL	10. Définition de donnée avec SQL	58. Création d'une base de données relationnelle avec SQL
			59. Création d'une table avec SQL
			60. Modification d'une table avec SQL
			61. Renommer une table avec SQL
			62. Suppression d'une table avec SQL
		11. Manipulation de données avec SQL	63. Expression insert avec SQL
			64. Expression update avec SQL
			65. Expression delete avec SQL
			66. Expression de la projection avec SQL
			67. Expression de la sélection avec SQL
			68. Expression de complément avec SQL
			69. Expression de l'intersection avec SQL
			70. Expression de la différence avec SQL
			71. Expression de la division avec SQL
			72. Expression de l'union avec SQL
			73. Expression du produit cartésien avec SQL
			74. Expression de la jointure naturelle avec SQL
			75. Expression du thêta-produit avec SQL
			76. Auto jointure avec SQL
			77. Expression de la jointure extérieure avec

		SQL 78. Expression de la semi-jointure avec SQL
	12. Les autres fonctionnalités du SQL	79. Recherche des valeurs nulles 80. Les opérateurs arithmétiques 81. La fonction MAX avec SQL 82 La fonction MIN avec SQL 83. La fonction COUNT avec SQL 84. La fonction SUM avec SQL 85. La fonction AVG avec SQL 86. La fonction DISTINCT avec SQL 87. La fonction Order By avec SQL 88. La fonction Group By avec SQL 89. La fonction Between avec SQL 90. La fonction Like avec SQL
Dépendances et Normalisation	13. Les dépendances fonctionnelles et les trois formes normales	91. Principe des dépendances fonctionnelles 92. Propriétés des dépendances fonctionnelles 93. Les dépendances fonctionnelles élémentaires 94. Les dépendances fonctionnelles directes 95. Graphe de dépendances fonctionnelles 96. La fermeture transitive 97. La couverture minimale 98. Principe de normalisation 99. La première forme normale 100. La deuxième forme normale 101. La troisième forme normale 102 La forme normale de Boyce_Codd
	14. Les dépendances multivaluées et La quatrième forme normale	103. Principes des dépendances multivaluées 104. Propriétés des dépendances multivaluées 105. Principe de normalisation 106. La quatrième forme normale
	15. Les dépendances de jointures et La cinquième forme normale	107. Principe de dépendances de jointures 108. Principe de normalisation 109. La cinquième forme normale
	16 .Algorithmes de normalisation	110. Principe de normalisation 111. Algorithmes de normalisation par synthèse 112. Algorithmes de normalisation par décomposition

Tableau 11. Principales instances des notions et IC d'RdbOnto

Un exercice dans le prototype courant de RDB-E-LEARN est un exercice d'algèbre relationnelle défini par un schéma relationnel de la BDDR suivi d'une requête. La résolution d'un exercice met en jeu un certain nombre d'items de connaissances qui sont sensées apparaitre dans la solution de l'apprenant.

Par exemple, soit l'exercice 2 du prototype RDB-E-LEARN décrit par le tableau 12. Cet exercice est une projection sur le sous espace du domaine des BDDR où les notions de premier niveau mise en jeu sont : « introduction au modèle relationnel » et « algèbre relationnel ». Toutes les erreurs de la base d'erreurs (cf. Annexe D) reliées aux items de connaissances qu'évalue l'exercice 2 (comme les erreurs de numéros : 112, 108, 94, 17, …) sont potentielles donc possibles dans les différentes solutions de l'apprenant.

La colonne des poids, qui représentent les coefficients d'importances des items de l'exercice, influent sur le barème de notation de celui ci.

Exercice 2 : Enoncé	Notions du 1er niveau	Notions du 2ieme niveau	Items de connaissances	Poids
"Soit le schéma relationnel suivant se rapportant à la représentation d'une base de données aérienne : -PILOTE(<u>NUMPIL</u>, NOMPIL, ADR, SAL) -AVION (<u>NUMAV</u>, NOMAV, CAP, LOC) -VOL (<u>NUMVOL</u>, NUMPIL, NUMAV, VILLE_DEP, VILLE_ARR, H_DEP, H_ARR) Répondre à la requête suivante avec une expression algébrique : « Quels sont les avions (numéro et nom) localisés à Alger et ceux qui ont déjà effectué un vol vers le Singapour"	- Introduction au modèle relationnel -Algèbre Relationnelle	-Le concept de relation -Opération algébrique -Operateur binaire -Operateur unaire	6. Définition d'une relation 7 Attribut d'une relation 8 Degré d'une relation 9 Clé d'une relation 10 Schéma d'une relation 19 Principe des operateurs unaires 20 l'opérateur de sélection 22 L'opérateur de projection 24 Syntaxe des opérateurs unaires 25 Principe des opérateurs binaires 26 L'opérateur d'union 34 Syntaxe des opérateurs binaires 35. Syntaxe d'une condition d'un opérateur algébrique. 36. Lexique des mots 37. Syntaxe d'une opération algébrique	1 1 1 1 1 1 2 2 1 1 3 2 1 1 1

Tableau 12: Exemple de liens Exercice-Items-Notions extrait de RDD-E-LEARN

La réponse de l'apprenant étant une réponse à une requête, elle a au moins une des trois formes suivantes :

- *Expression algébrique relationnelle* : dans ce cas la solution est une suite d'opérateurs algébriques avec les identifiants des relations du schéma de la BDDR dans l'énoncé comme opérandes. Nous avons défini un langage algébrique (cf. Annexe C) qui est en fait une synthèse de la documentation sur l'algèbre relationnelles (parfois divergentes en terminologie et même parfois dans le sens si nous considérons le cas des jointures par exemple) vu qu'il n'y a pas de langage standard. La figure 35 donne un exemple de solution algébrique à l'exercice 2 du tableau ci haut.

```
R1 := SELECTION (AVION/ Loc = 'Alger')
R2 := SELECTION (VOL/ VILLE_ARR= 'Singapour')
R3 := NATJOIN (R1, R2 / NumAv)
R4 := PROJ (R3 | NUMAV, NOMAV → Résultat
```

Figure 35. Exemple d'expression algébrique

- *Arbre algébrique*: c'est une forme graphique où chaque opérateur algébrique est exprimé avec un symbole spécifique. La figure 36 exprime la solution précédente sous forme d'un arbre algébrique.

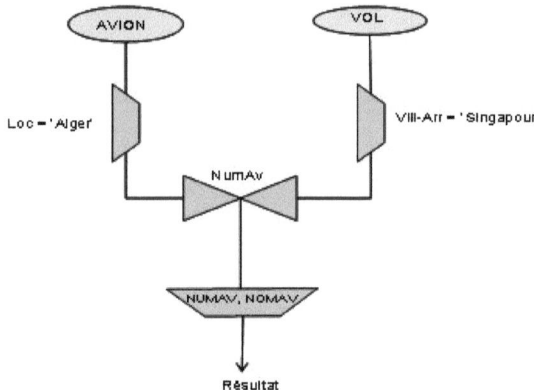

Figure 36. Exemple d'arbre algébrique

- *Programme dans un langage relationnel* : le plus populaire des langages de nos jours est le langage de requêtes SQL[1] qui est un standard. Une réponse à une requête dans ce cas sera une suite d'instructions du langage de programmation SQL. La figure 37 montre la traduction de l'expression algébrique précédente dans un programme SQL.

```
SELECT NUMAV, NOMAV FROM AVION
WHERE Loc = 'Alger' AND NumAv IN
SELECT NUMAV FROM VOL
WHERE VILLE_ARR = 'Singapour'
```

Figure 37. Exemple de programme SQL

A ce niveau de nos travaux de recherches sur l'utilisation de l'approche ODALA pour le développement d'un EIAH pour l'e-learning des BDDR, la prise en charge par l'évaluateur de réponses sous forme de programmes SQL ou d'un autre langage de bases de données n'est pas profondément étudiée pour la simple raison que, pour ces langages, la grammaire d'analyse de la forme est déjà construite. Les formes de solutions considérées sont respectivement les expressions algébriques et les arbres algébriques.

---

[1] Structured Query Language

De même, la taxonomie des erreurs est respectée avec RDB-E-LEARN. En effet nous avons construit la base d'erreurs de forme et d'erreurs sémantiques (les spécifiques et les communes) comme l'indique l'annexe D où les principales erreurs sont présentées.

V-2-2-Diagnostic des erreurs [Bouarab-Dahmani & al. 10a]

Selon l'approche ODALA, le diagnostique des erreurs se décompose en ces deux étapes :

- *l'analyse de la forme des solutions* : puisque les réponses à une requête de l'apprenant ont deux formes possibles, deux cas peuvent se présenter :

    ➤ l'analyse de la forme d'un arbre algébrique est intégrée à l'éditeur d'arbre algébrique proposé à l'apprenant pour construire sa solution en choisissant ses symboles sans risques d'erreurs de dessin à partir d'une table des symboles (cf. Figure 38) possibles en algèbre relationnelle. Grâce à l'aide fournie par cette table, il n'y a quasiment pas d'analyse de la forme dans ce cas.

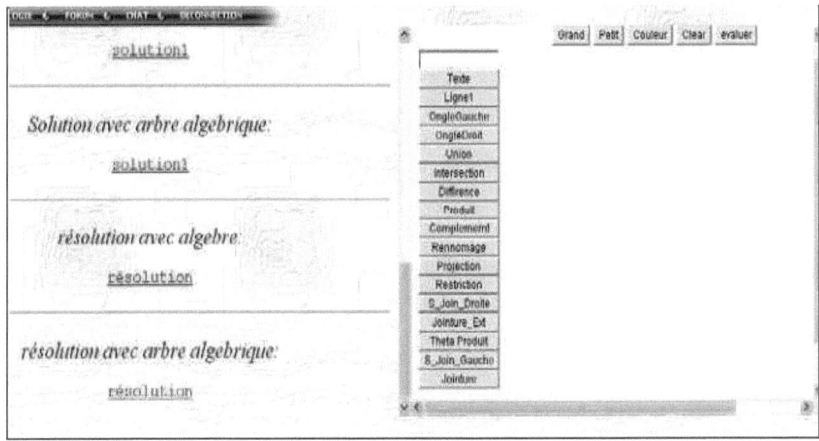

Figure 38. La table des symboles du formalisme des arbres algébriques intégrée à l'environnement de résolution de l'apprenant

➤ l'analyse d'une expression algébrique se fait par une grammaire de type 2 que nous avons conçue et développée (cf. figure 39). La solution textuelle saisie via un éditeur de texte sera analysée pour une éventuelle détection d'erreurs lexico-syntaxiques. La figure 40 montre un exemple d'affichage d'erreurs de forme après analyse de la forme de la solution de l'apprenant.

```
GALGEBRIQUE>  →  <OPERATIONALG>  <SUITEOPALG>

1)  <OPERATIONALG>   →  <<ID >>  << :=>>   <<UNION>>  <<(>>  <<ID>>  <<,>>  <<ID>>  <<) >> | <<ID >>
    << :=>>  <<DIF >> <<( >> <<ID>> <<,>> <<ID >><<)>> |<<ID >>  << :=>>   <<INTER>>  <<(>>  <<ID>> <<,>>
    <<ID>> <<)>> |<<ID >>  << :=>>    <<EXTJOIN >>  << (>>  << ID>> <<,>>  <<ID>> <<)>> |<<ID >>  << :=>>
    <<SEMIJOIN>>   <<(>>  <<ID>> <<,>>  <<ID>> <<)>> |<<ID >>  << :=>>  << NATJOIN>>  <<( >> <<ID>> <<,>>
    <<ID>>  <<)>>  |  <<ID >>   << :=>>   <<AUTOJOIN>>   <<(>>   <<ID>>   <<)>>  |  <<ID >>   << :=>>
    <<THETAPRODUCT>> <<(>>  <<ID>> <<,>> <<ID>> <<)>> |<<ID >>  << :=>>  <<PRODUCT>> <<(>>  <<ID>>
    << ,>>  <<ID>>  <<)>>  | <<ID >>  << :=>> <<SELECTION>>  <<(>>  << ID>>  <<)>>  <EXPCOND>  << ) >> |
    <<COMP>>  <<(>> <<ID>> <<)>>|<<ID >>  << :=>>  << PROJ>>   <<(>>  <<ID>>  << \>>  <LISTATTRIBUPROJ
    >  <<)>>

2)  <SUITEOPALG>  → <PGALGEBRIQUE>   | ε

3)  <LISTATTRIBUPROJ >   →  <IDATTRIBU> <SUITLISTATTRIBUPROJ >

4)  <SUITLISTATTRIBUPROJ >  →  << , >> <LISTATTRIBUPROJ >| ε

5)  <EXPCOND>  →  <<[ >> <EXPCOND> << ] >> <OPLOG> <<[>> <EXPCOND> <<]>>   | <EXPCOMP>

6)  <EXPCOMP>    →<<( >> <EXPARITH> <<)>> <OPCOMP> <<( >> <EXPARITH> <<)>>

7)  <EXPARITH>  →  <<( >>  <EXPARITH>  <<)>>   <OPARITH>  <<(>>  <EXPARITH> <<)>>   | <<ID >> |
    <<CSTE>> |

8)  < OPARITH> → <<+ >>| <<->>|  <<* >>| << />>

9)  <OPCOMP>  →  <<  < >>|  << > >>  |<< <= >>  |  << >= >>|  << <> >>| <<=>>

10) < OPLOG>  → <<&&>> | <<||>>
```

Figure 39. Extrait de la Grammaire correspondant au langage algébrique proposé

- *L'analyse de la sémantique* : celle-ci permet de détecter des erreurs sémantiques communes grâce à des fonctions intégrées dans la grammaire d'analyse lexico syntaxique pour le cas d'analyse d'expressions algébriques et dans un programme à part pour le cas d'analyse d'arbres algébriques. Les erreurs sémantiques spécifiques sont détectées par des règles de détections de caractéristiques de la même manière quelle que soit la forme de la solution. La figure 41 montre l'affichage de quelques erreurs sémantiques pour le cas d'expression algébrique et la figure 42 montre des erreurs après l'analyse d'un arbre algébrique.

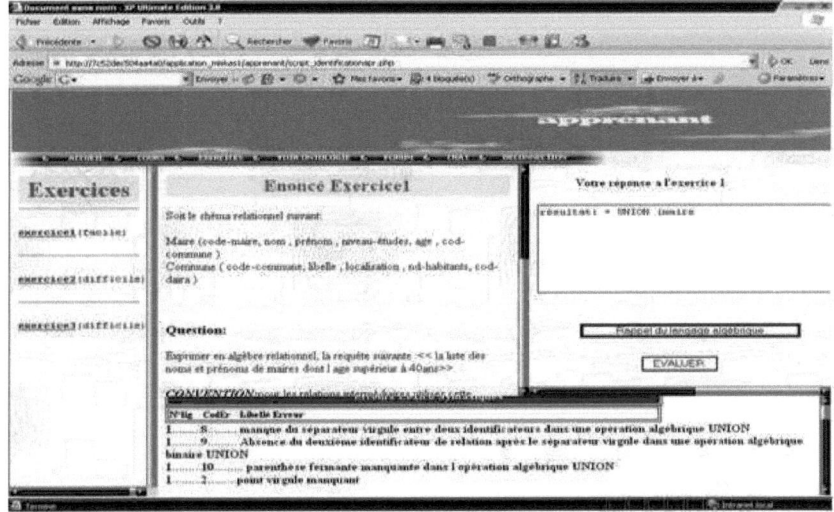

Figure 40. Exemple d'affichage d'erreurs de forme par RDB-E-LEARN après analyse d'une expression algébrique

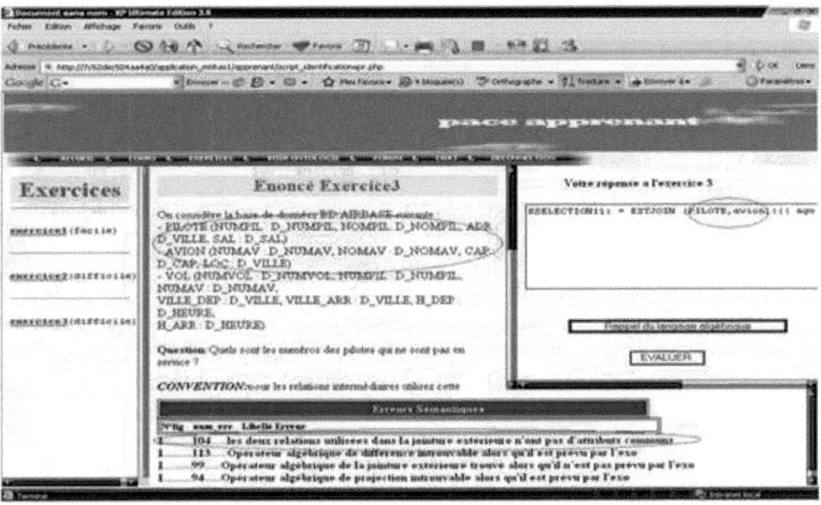

Figure 41. Exemple d'affichage d'erreurs sémantiques par RDB-E-LEARN après analyse d'une expression algébrique

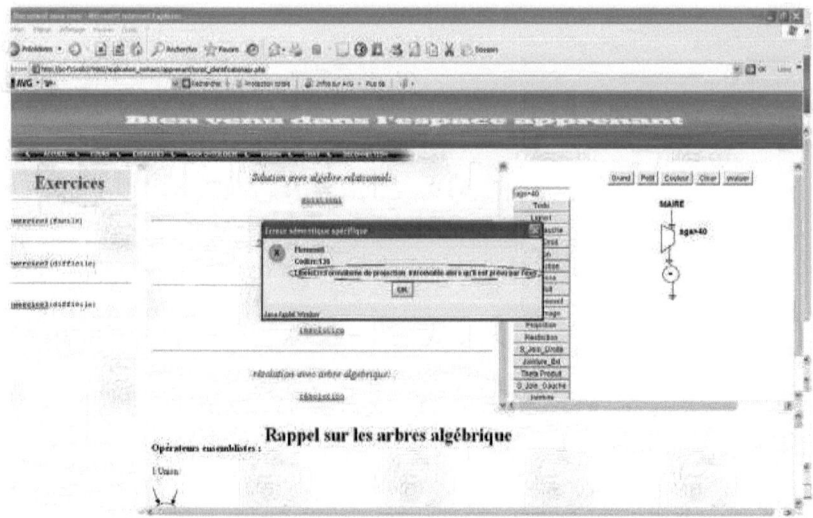

Figure 42. Exemple d'affichage d'erreurs sémantique après analyse d'un arbre algébrique par RDB-E-LEARN

V-2-3- Le processus de notation et la mise à jour du modèle apprenant

Les formules et structures proposées par l'approche ODALA sont réutilisables et sont implémentées dans le module de notation de RDB-E-LEARN. Les données calculées (notes d'exercices, indices de compréhension des IC, ...) sont alors stockées dans des structures accessibles depuis l'espace auteur ou l'espace apprenant comme pour le cas du système WebSiela.

V-2-4- Autres fonctionnalités du système RDB-E-LEARN

En plus du module d'exercices, le système RDB-E-LEARN est doté de certaines fonctionnalités qui lui assurent un fonctionnement en tant que plate forme autonome en cas où elle n'est pas intégrée à un autre EIAH. Nous avons notamment :

- la génération de cours (ressources de type documents) qui utilise les liens de l'ontologie (composé de, prérequis de, ...) pour naviguer entre les documents cours correspondants aux notions (cf. Figure 43) et les documents de type sections correspondants aux items de connaissances.

- Evaluation par questionnaires : RDB-E-LEARN propose la possibilité d'évaluation par des questions où l'apprenant choisit sa réponse. Nous avons notamment les questions de type « vrai/faux » des questions à trou, des QCM (questions à choix multiples) (cf. Figure 44), ...

Chapitre V : Applications

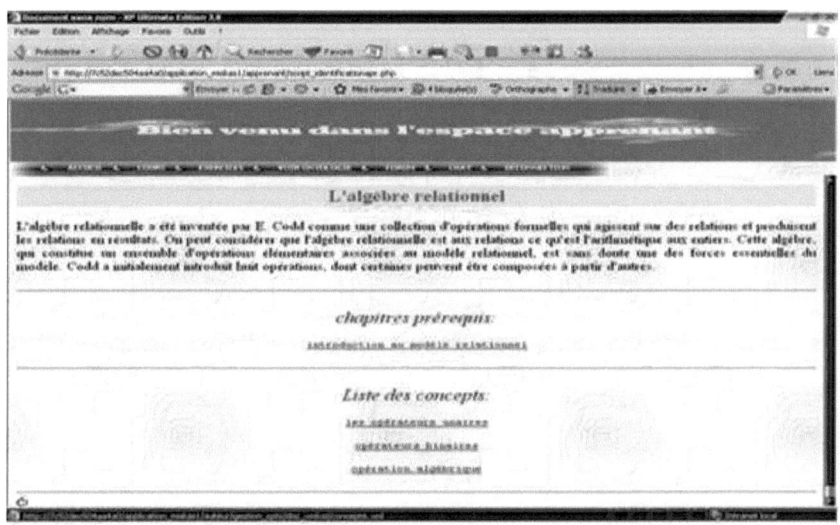

Figure 43. Affichage d'un cours sur une notion par RDB-E-LEARN

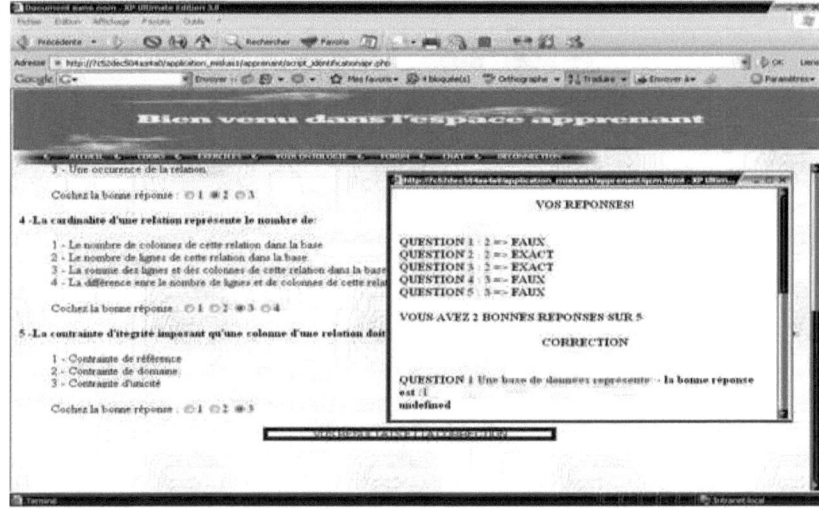

Figure 44. Affichage d'un QCM par RDB-E-LEARN

- Les différents outils de communication Web comme le chat, la messagerie et le Forum.

95

V-2-5- Tests et résultats

Des tests ont été réalisés à partir de copies d'examen d'un groupe de trente cinq étudiants de la deuxième année LMD informatique du département informatique de notre université. Trois exercices du prototype réalisé ont fait objet de l'examen proposé. Les copies ont été corrigées par deux enseignants humains et par le module d'évaluation de RDB-E-LEARN. Pour ce dernier, nous avons dessiné les arbres algébriques tels qu'ils sont dessinés par les étudiants dans leurs copies. Les résultats et constats pour chaque type de forme sont comme suit [Bouarab-Dahmani & al. 10a] :

- *Le cas des arbres algébriques* : Les résultats (comme le montre la figure 45), quand les erreurs sémantiques sont connues pas le système, sont des moments meilleurs que celles des correcteurs humains. Aussi, nous n'avons pas la contrainte des erreurs de forme qui faussent des fois l'analyse de la sémantique. Les apprenants ont préféré le mode graphique pour la facilité offerte par la table des symboles. Certains enseignants de notre département pensent que l'éditeur graphique est adéquat pour les novices qui n'ont pas encore maitrisé les opérateurs algébriques.

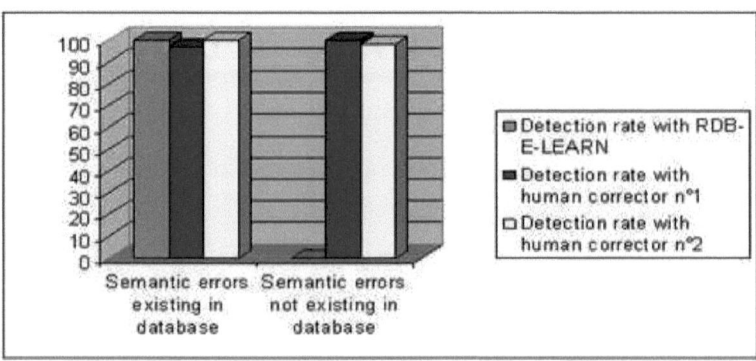

Figure 45. Taux de détection d'erreurs avec RDB-E-LEARN dans le cas d'arbres algébriques [Bouarab-Dahmani & al. 10a].

- *Le cas des expressions algébriques* : comme il y a analyse de la forme, les taux de détection du tableau 13 montrent des résultats similaires à ceux obtenus après les tests avec le système WebSiela. En effet, nous constatons ce qui suit :

    ➢ Il y a des fois détection d'erreurs de forme inexistantes dans la solution de l'apprenant. Ceci est du au fait que certaines erreurs lexico-syntaxiques entrainent d'autres comme c'est le cas de certains compilateurs de langages de programmation

> Les erreurs non enregistrées dans la base d'erreurs ne sont pas détectées par RDB-E-LEARN.
> Les erreurs enregistrées dans la base d'erreurs sont toujours detectées par RDB-E-LEARN.
> Les copies d'examens sont toutes évaluées de la même façon avec RDB-E-LEARN. Cependant, ce n'est pas le cas des correcteurs humains où le niveau de détail de la correction dépend du niveau de fatigue, de concentration, ... du correcteur.

	Erreurs Lexico_Syntaxiques détectées et commises	Erreurs Lexico_Syntaxiques détectées et non commises	Erreurs Sémantiques de la base d'erreurs	Erreurs Sémantiques absentes de la base d'erreurs
Taux de détection par RDB-E-LEARN	90.27 %	97.56%	100%	0
Taux de détection par le correcteur 1	100%	0	95.23%	100%
Taux de détection par le correcteur 2	97.56%	0	100	96,33%

Tableau 13. Taux de détection d'erreurs dans le cas de solutions en expressions algébriques [Bouarab-Dahmani & al. 10b]

Enfin, le système RDB-E-LEARN est basé sur l'approche ODALA pour la construction de l'ontologie du domaine des BDDR et le développement du module d'exercices permettant l'évaluation automatisée des apprenants. Ce système peut être très utile pour les débutants en apprentissage par l'exercice des BDDR.

D'autre part ce système nous a permis de vérifier certaines hypothèses de l'approche ODALA telles que les possibilités de réutilisations de l'ontologie de domaine d'enseignement, les fonctions de notations, l'analyse sémantique basée sur caractéristiques, ...

V-3- Environnement Multi-Domaines : La Plate-Forme Campus E-Learn

Au lieu d'utiliser l'un des environnements développé pour chacun des systèmes WebSiela et RDB-E-LEARN, nous avons opté pour un test en utilisant un LMS (learning management system) qui soit populaire et open source en même temps. Notre choix a porté sur la plateforme MOODLE que nous citons en exemple dans ce paragraphe. En effet MOODLE est parmi les plateformes sous licence GNU qui sont les plus adaptées et entendues pour obtenir des campus numériques. Ceci grâce à sa souplesse, sa simplicité et ses fonctionnalités. Nous avons donc intégré les « cours » (concept utilisé sous MOODLE pour évoquer un domaine à enseigner) d'algorithmique et celui des BDDR sous format SCORM après génération des manifests respectifs à partir de OntoAlgo et RdbOnto.

WebSiela et RDB-E-LEARN sont intégrés pour le moment comme des ressources MOODLE (via l'option « ajouter un lien vers un site web ») exécutable par l'apprenant librement ou sous conditions (période, profil apprenant, …) posées par le tuteur. L'environnement d'auto-apprentissage à distance ainsi obtenu est actuellement appelé Campus-E-learn-UMMTO (cf. Figure 46).

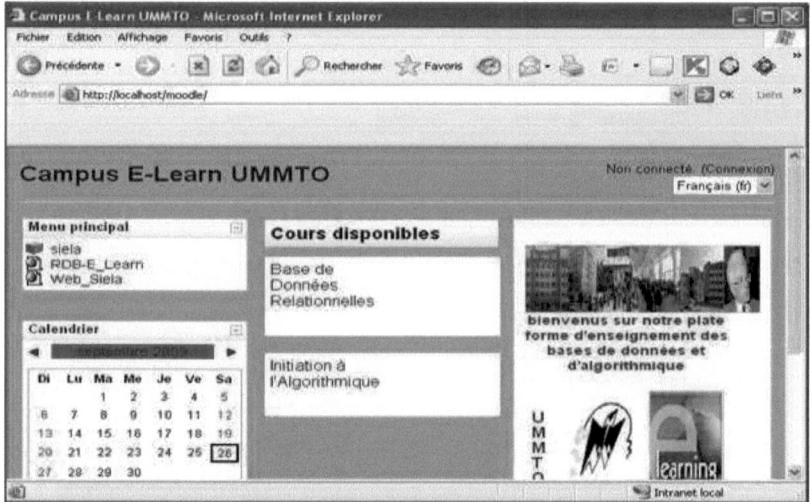

Figure 46. La page d'accueil de Campus E-learn UMMTO

En cliquant sur Web_Siela, on accède à la page d'accueil du site de ce système. L'option «MOODLE » de la figure 47 permet de repartir dans l'environnement Campus-E-learn-UMMTO.

Parmi les possibilités de MOODLE nous avons celle qui permet l'exposé d'un cours au format du standard SCORM et la proposition de quiz. En cliquant sur « Initiation à l'algorithmique » par exemple, l'apprenant peut naviguer dans la liste des cours d'algorithmique (cf. Figure 48).

Chapitre V : Applications

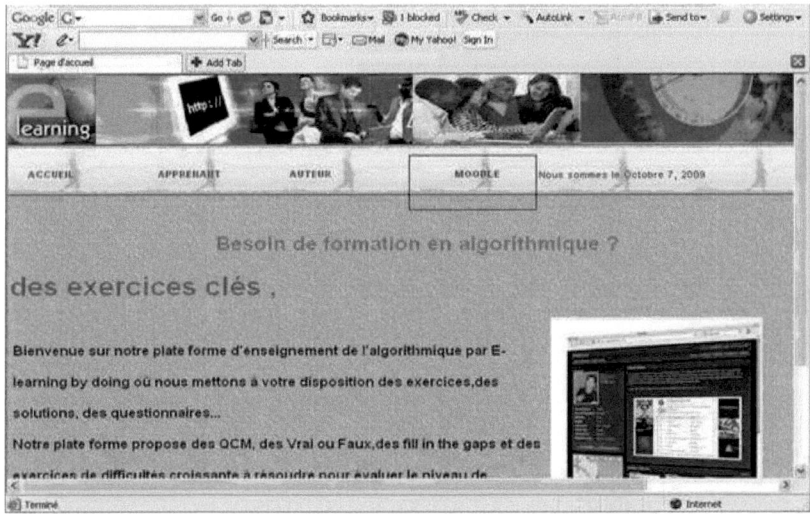

Figure 47. Page d'accueil de WebSiela à partir de Campus E-learn UMMTO

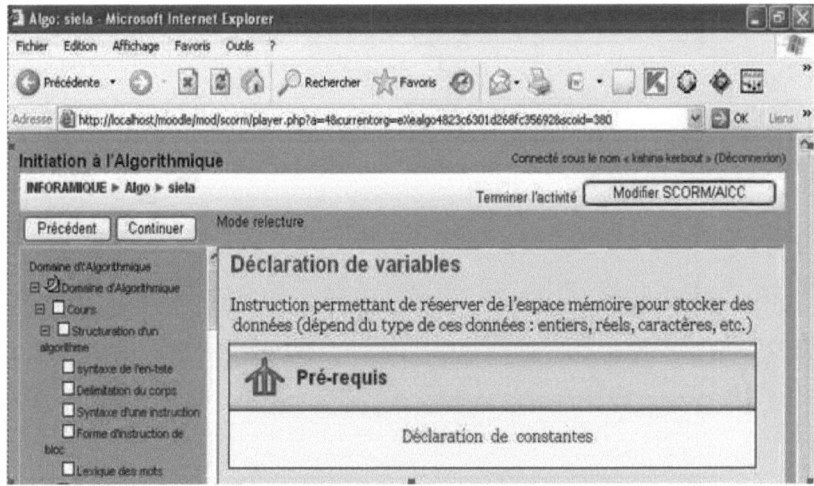

Figure 48 Exemple de cours d'algorithmique au format SCORM

Beaucoup de possibilités et différentes variantes se présentent pour combiner nos propositions de modèles ontologiques pour domaines d'enseignement et une approche d'évaluation (méthodologie et techniques) avec les outils de E-learning actuels notamment les standards pour lesquels notre travail se trouve complémentaire. Campus-E-learn-UMMTO est juste cité ici à titre d'exemple de ces possibilités.

Conclusion

Les études pratiques menées pour évaluer nos propositions nous permettent d'obtenir des résultats encourageants et nous orientent vers la nécessité de cerner d'une façon plus optimale, l'ensemble des erreurs sémantiques de chaque domaine considéré en nous penchant davantage sur les liens possibles entre les erreurs pour éviter le constat récurrent d'erreurs détectées non commises. Plus généralement, les résultats de ces tests permettent d'envisager l'implémentation de cette même approche dans d'autres domaines d'enseignement, pour peu qu'il soit possible de les représenter sous forme d'ontologies faisant intervenir notions et IC, ce que nous nous fixons comme objectif pour la suite de nos travaux.

Conclusion Générale

Le présent travail de thèse traite d'une problématique s'articulant sur trois axes de recherches : les ontologies, les Environnements Informatique d'Apprentissage Humain (EIAH), et l'évaluation automatisée des connaissances d'un apprenant. L'intérêt de ce type de problématique est particulièrement significatif de nos jours du fait du développement considérable d'outils d'assistance à l'éducation, formation et apprentissage, favorisé notamment par le phénomène Web.

Nous avons consacré les deux premiers chapitres de cette thèse à un examen de l'état de l'art dans chacun de ces trois axes, en présentant d'abord l'essentiel des notions considérées ainsi que certains travaux de recherches sur les EIAH, l'évaluation des apprenants et les ontologies. Nous nous sommes ensuite intéressés aux travaux pouvant associer ces trois domaines, portant donc directement notre problématique. Nous avons pu déduire au bout de notre étude que l'utilisation des ontologies pour la modélisation de domaines d'enseignement destinés à l'apprentissage par l'exercice et intégrant de ce fait l'évaluation automatisée des apprenants est une approche relativement originale. En effet, bien que l'intérêt d'aborder ce type de démarche pour avoir des environnements d'apprentissage compétitifs et efficaces est évoqué dans certains travaux, nous n'avons pratiquement pas pu rencontrer de propositions concrètes de mise en œuvre, que se soit en termes d'approches, de modèles ou de techniques.

Notre contribution au traitement de cette problématique intègre les trois aspects suivants :

- Le premier consiste en la proposition d'un modèle ontologique pour un domaine d'enseignement (Onto-TDM). Ce modèle étant *a priori* valable pour tout domaine et pouvant être exploité par toute activité d'apprentissage ou de recherche d'information, est néanmoins particulièrement adapté aux activités d'apprentissages par l'exercice et à l'évaluation automatisée des connaissances des apprenants. L'instanciation du modèle Onto-TDM pour un domaine spécifique permet de constituer dans chaque cas la base de connaissance de celui-ci.

- Le second aspect se rapporte à l'évaluation des connaissances des apprenants en *learning by doing* par la présentation d'une approche et de techniques d'évaluation. L'approche ODALA est basée sur l'ontologie du domaine d'enseignement, laquelle permet la réalisation de chaque étape de l'évaluation grâce à l'utilisation de la sémantique du domaine représentée dans l'ontologie. En effet, le processus d'ODALA propose, après la construction de la base de connaissance du domaine spécifique donné (par instanciation de l'ontologie proposée), de mettre en œuvre un module de diagnostic des erreurs, lui-même composé d'un analyseur de la forme et d'un analyseur sémantique de solutions apprenants. Grâce à une notation basée sur un ensemble de fonctions de calculs définies dans l'approche (qui sont invariantes d'un domaine à un autre), la mise à jour du modèle de l'apprenant est effectuée. Pour l'analyse sémantique, ODALA met en œuvre une technique utilisant les caractéristiques de l'exercice tandis que pour la notation, nous avons proposé une technique de notation granulaire qui permet la propagation de l'évaluation de la progression de l'apprenant sur toute la hiérarchie de décomposition du domaine. L'évaluation prend alors en compte des questions ouvertes avec des réponses librement construites par l'apprenant et utilise pour la notation des formules polynomiales.

- Nous avons dans un troisième temps traité de l'évaluation de nos propositions à travers leur application à des domaines enseignés en informatique. La mise en pratique de celles-ci s'est faite grâce au développement de différents prototypes de systèmes de e-learning. Certains de ces prototypes (notamment WebSiela pour l'enseignement de l'algorithmique et RDB-E-LEARN pour les bases de données relationnelles) ont été évalués via la réalisation de tests avec des étudiants de notre département. Ensuite, un essai de mise en application de l'auto-apprentissage multi-domaines a été effectué avec comme environnement de base la plateforme MOODLE.

Le système WebSiela permet un apprentissage par l'exercice en corrigeant les algorithmes des apprenants écrits dans un pseudo-langage algorithmique. Nous avons également testé, pour l'algorithmique, la correction sémantique de réponses sous forme d'organigrammes construits à l'aide d'un éditeur graphique.

Le système RDB-E-LEARN permet un apprentissage par l'exercice en corrigeant les expressions algébriques des apprenants écrits dans un pseudo-langage algébrique. Nous avons testé par ailleurs la correction sémantique de réponses sous forme d'arbres algébriques construits à l'aide d'un éditeur spécifique.

Les résultats des tests effectués sur ces prototypes sont encourageants et ont été très porteurs. En effet, ces résultats montrent notamment que les systèmes développés en se basant sur l'approche ODALA permettent différents type d'évaluation en particulier l'évaluation sommative et l'évaluation formative avec détection et affichage d'erreurs. Du point de vue développement de systèmes d'apprentissage interactif, nos propositions concernant la modélisation ontologique de domaine d'enseignement, le diagnostic des erreurs, la notation des apprenants et le modèle de l'apprenant semblent avoir nettement facilité le passage du développement d'un prototype à un autre.

Différentes orientations pratiques et différentes perspectives de recherches découlent des travaux de cette thèse. Concernant les prototypes réalisés, il y a nécessité de cerner d'une façon plus optimale, l'ensemble des erreurs sémantiques du domaine de l'algorithmique et celui des BDDR par d'autres tests avec des étudiants pour aller vers des systèmes d'auto-apprentissage en ligne exploitables par des étudiants débutants dans l'un de ces deux domaines.

Plus généralement, les résultats de ces tests permettent d'envisager la généralisation des résultats ainsi obtenus à d'autres domaines d'enseignement relevant d'autres disciplines, pour examiner la réutilisabilité des approches, modèles et techniques proposés. D'autre part, la perspective de l'utilisation de l'évaluation proposée avec une résolution d'exercices basée sur l'usage de formalismes graphiques semble particulièrement intéressante et porteuse. En effet l'assistance apportée par les éditeurs graphiques évite certaines faiblesses des prototypes, observées lors des tests qui sont particulièrement reliées à l'analyse de la forme d'une solution.

L'exploitation de l'ontologie Onto-TDM, dans le cadre de cette thèse s'est limitée au contexte d'utilisation de l'activité d'évaluation des connaissances des apprenants. Différentes autres exploitations sont possibles en particulier avec les techniques et outils du Web sémantique pour réaliser d'autres activités d'enseignement ou d'apprentissage au sein de plates formes de e-learning.

Enfin nous ne pouvons être exhaustifs sur les possibilités d'utilisation ou d'extension de nos résultats bien qu'ayant abordé trois aspects essentiels pour l'efficacité de tout EIAH à savoir la modélisation du domaine d'enseignement, l'évaluation automatisée de la progression des connaissances des apprenants et partiellement la modélisation de l'apprenant. Le caractère central de ces aspects fait que nos propositions devraient pouvoir être intégrées aux plates formes de e-learning, combinées aux normes et standard correspondants (par exemple à la norme LOM pour la modélisation de ressources), utilisées par les moteurs d'adaptation dans les hypermédias adaptatifs, et exploitées par des générateurs automatisés de contenus adaptés au profil de l'apprenant.

De cette intégration devrait découler une meilleure prise en charge de différents aspects des systèmes EIAH, tels que la didactique des domaines, une gestion efficace de l'état de connaissances de chaque apprenant, l'adaptation de sessions d'apprentissage, ou la prise en charge de question ouvertes. Ce qui va nettement contribuer au passage vers des systèmes EIAH plus «intelligents» et donc plus efficaces. C'est ce que nous nous proposons de traiter dans des travaux ultérieurs.

Bibliographie

[Anderson & Reiser 85] : Anderson J.R., Reiser B.J. The Lisp Tutor, Byte, 10(4), 1985, p. 159-175.

[Aplusix 2004] : Guide d'utilisation d'Aplusix 1.42, site Web http//aplusix.imag.fr, juin 2004.

[Apted & al. 03] : Apted T.,Kay J., Lum A. et Uther J. (2003). Visualisation of Learning Ontologies. In Hoppe H.U. & Verdejo M.F. & Kay J. (Eds.), Proc. AIED2003, 359-361.

[Bachimont 99] : Bachimont B. L'intelligence artificielle comme écriture dynamique : de la raison graphique à la raison computationnelle, Grasset, Paris, 1999.

[Bachimont 00] : Bachimont B. (2000). Engagement sémantique et engagement ontologique : conception et réalisation d'ontologies en ingénierie des connaissances. In R. Teulier, J. Charlet & P. Tchounikine, Coordinateurs, Ingénierie des connaissances, chapitre 19. Paris : L'Harmattan. Article réédité en 2005 dans le cédérom associé au livre.

[Baker & al 04] : Baker, R. S., Corbett, A. T., & Koedinger, K. R. 2004. Detecting student misuse of intelligent tutoring systems. ITS 2004, LNCS 3220, 531-540.

[Balacheff 97] : Balacheff, N., Baron, GL., Baron, M., Desmoulins, C., Grandbastien, M., Vivet, M. Conception d'environnements interactifs d'apprentissage avec ordinateur. Actes des cinquièmes journées EIAO de Cachan. 14-16 mai 1997, Hermès, (pp. 315-337).

[Balacheff 99] : Balacheff N. Apprendre la preuve. In: Sallantin J., Szczeciniarz J. J. (eds.), Le concept de preuve à la lumière de l'intelligence artificielle (pp.197-236). Paris: PUF. (1999)

[Baneyx 07] : Baneyx A. construire une ontologie de la pneumologie aspects théoriques, modèles et expérimentations. Thèse de doctorat de l'université paris 6 spécialité : informatique médicale. Février 2007.

[Bisault & Lavarde 95] : Bisault J., Lavarde, A. Le mémoire en IUFM : Théorie et pratique, Beauvex cedex, CDDP Oise, 1995, 104 p, ISBN2903729700.

[Bouarab-Dahmani 00] : Bouarab-Dahmani F. Conception et évaluation de la composante experte du domaine d'un système intelligent pour l'enseignement de l'algorithmique. Thèse de Magister, soutenu le 29/02/2000 à l'université Mouloud Mammeri de Tizi-Ouzou Option : Système d'information et de Gestion Avancés.

[Bouarab-Dahmani & Si Mohammed 05] : Bouarab-Dahmani F., Si-Mohammed M. Characteristic based diagnosis in an intelligent tutoring system for algorithmic, proceedings of the international conference on machine intelligence, the 2nd ACIDCA-ICMI'2005, Toseur, Tunisie, 5-7 Novembre 2005.

[Bouarab-Dahmani & Si Mohammed 07] : Bouarab-Dahmani F., Si-Mohammed M. Evaluation automatisée de l'apprenant dans le cadre d'un apprentissage par l'exercice, proceedings de la conférence nationale sur la pédagogie et la didactique de la physique. UMMTO, Algerie les 29 et 30 juin 2007.

[Bouarab-Dahmani & al. 08a] : Bouarab-Dahmani F., Si-Mohammed M. & Comparot C. Une ontologie générique opérationnalisée XML pour la spécification de domaines d'enseignement en e-learning, Article communiqué au colloque sur l'optimisation et les systèmes d'information COSI'08, Tizi Ouzou , Mai 2008.

[Bouarab-Dahmani & al. 08b] : Bouarab-Dahmani F., Si-Mohammed M., Comparot C.& Charrel. P. J. Evaluating the learner's state of knowledge when he/she is learning by doing, IADIS International Conference IADIS CELDA 2008, Freiburg, Germany, October 13-15, 2008.

[Bouarab-Dahmani & al. 08c] : Bouarab-Dahmani F., Si-Mohammed M., Comparot C. & Charrel P. J. Learner's error diagnosis and learner marking approaches for e-learning platforms, TELEARN International Conference 2008, Hanoi, Vietnam, December 04-06, 2008.

[Bouarab-Dahmani & Si Mohammed 08d] : Bouarab-Dahmani F., Si-Mohammed M. Un Méta-modèle ontologique pour la représentation de domaines d'enseignement en e-learning, international conference on Web and information technologies(ICWIT'2008), Sidi BelAbbes, Algeria, 29-30 June 2008.

[Bouarab-Dahmani & al. 09a] : Bouarab-Dahmani F., Si-Mohammed M., Comparot C.& Charrel P. J. ODALA, an ontological model for automated evaluating of learner knowledge: Application to Teaching of Algorithms, E-case-2009 (E-education Track) International Conference, Singapour, Janvier 08-10, 2009. Article classé "distingué" avec un certificat du comité de la conférence.

[Bouarab-Dahmani & al. 09b] : Bouarab-Dahmani F., Si-Mohammed M., Comparot C. & Charrel P. J. Learners automated evaluation with the ODALA approach, ACM-SAC2009 (Human Computer Interaction Track) International Conference, Honolulu, Hawaii, USA, March 08-12, 2009.

[Bouarab-Dahmani & al. 09c] : Bouarab-Dahmani F., Si-Mohammed M., Comparot C. & Charrel P. J. ODALA, An Ontological Model for an Automated Evaluation of Learner's State of Knowledge: Application to a Web based Algorithmic Teaching. International Journal of Business and Information, International Business Academics Consortium (IBAC), Vol. 4 N. 1, p. 1-22, juin 2009.

[Bouarab-Dahmani & al. 10a] : Bouarab-Dahmani F., Si-Mohammed M., Comparot C. & Charrel P. J. Teaching domain representation and learner's evaluation in a platform for relational databases e-learning, E-case & Tech 2010 (E-education Track), International Conference, Macau (Chine), Janvier25-27, 2010.

[Bouarab-Dahmani & al. 10b] : Bouarab-Dahmani F., Si-Mohammed M., Comparot C. & Charrel P. J. Automated Evaluation of Learners with the ODALA Approach: Application to Relational Databases E-learning, International journal of computational intelligence systems, IJCIS, Vol.3, N. 3, (September 2010), 357-369, published by Atlantis press.

[Bourdeau & Mizoguchi 02] : Bourdeau J. et Mizoguchi R. (2002). Collaborative Ontological Engineering of Instructional Design Knowledge for an ITS Authoring Environment. In Cerri S. & Gouardères G. & Paraguaçu F. (Eds.), *Intelligent Tutoring Systems,* Springer, Heidelberg, 399-409.

[Bouzeghoub & al. 05] : Bouzeghoub A., Defude B., Duitama J.F., Lecocq C. Un modèle de description sémantique de ressources pédagogiques basée sur une ontologie de domaine, Revue Sticef, volume 12, 2005.

[Brown et al. 75] : Brown J., Rubinstein R., Burton R. Steps towards a theoretical foundation for complex knowledge-based CAI », BBN report 3135, ICAI report 2, Bolt Beranek and Newman Inc., Cambridge, Massachusetts, 1975.

[Brown & Burton, 78] : Burton R., Brown J-S. Diagnostic Models for procedural bugs in basic mathematical skills, Cognitive Science, Volume 2, pages 155-192, 1978.

[Bruillard 97] : Bruillard E. (1997). Les machines à enseigner. Hermès.

[Carl 2007] : Rogers C. Liberté pour apprendre, Page 39-40, Edition Dunod.

[Charnay 86] : Charnay R. L'erreur dans l'enseignement des mathématiques. INRP. Rencontres pédagogiques, 12, p. 9-32. (1986).

[Charp & al. 02] : Charpille J. L., Couniliufm E. Mettre à distance la formation, publication de l'Académie de Nancy-Metz de décembre 2001, mise en ligne d'Avril 2002.

[Davis 84] : Davis R.B. Learning Mathematics: The Cognitive Science Approach to Mathematics Education. London, Croom-Helm. 1984.

[Després & Leroux 97] : Després C., Leroux P. Raisonner sur la trace : Analyse de sessions avec l'application ROBOTEACH, Actes des $5^{\text{èmes}}$ journées EIAO de Cachan, Hermès, pp. 277-288, 1997.

[Desmoulins & Grandbastien 02] : Desmoulins C., Grandbastien M. (2002). Ontologies pour la conception de manuels de formation à partir de documents techniques. *STE, 9* (3-4), 291-340.

[Ellis 07] : Ellis H. J.C. An Assessment of a Self-Directed Learning Approach in a Graduate Web Application Design and Development Course, IEEE Tansactions on education, Vol. 50, N° 1, February 2007.

[Fernandez & al. 97] : Fernandez M., Gómez-Pérez A. & Juristo N. (1997). Methontology : from ontological towards ontological engineering. In Spring Symposium Series on Ontological Engineering, Nation Conference of the American Association on Artificial Intelligence (AAAI).

[Fernandez & al 04] : Fresno-Fernandez V., Montalvo-Herranz S., Peréz-Iglesias J., Urquiza-Fuentes J., Velazquez-Iturbide J.A. An approach to the use and automatic generation of web-based learning materials, W. Liu & al. edition, ICWL 2004, LNCS 3143, pp. 201-208, 2004

[Fontaine & al. 06] : Fontaine D., Benayache A., Abel M.E. L'accès aux ressources d'une formation guidé par les ontologies, International Journal of Technologies in Higher Education, 3(3), 2006. www.profetic.org.

[Goguadze, 09] : Goguadze G. Semantic evaluation services for Web-based exercises, ICWL 2009, LNCS 5686, pp 172-181, M. Spaniol & al (Eds), Springer-Verlag, Berlin Heidelberg, 2009.

[Goldstein & Miller 76] : Goldstein I., Miller M. Structured planning and debugging : a linguistic theory of design, Artificial intelligence Lab Memo 387, Massachusetts Institute of technology, Cambridge, Massachusetts, 1976.

[Gómez-Pérez 99a] : Gómez-Pérez A. (1999a). Tutorial on Ontological Engineering. Paper presented at the Proc. IJCAI99.

[Gómez-Pérez 99b] : Gómez-Pérez A. (1999). Ontological Engineering: A state of the art. Expert Update, 2(3), 33-43.

[Gómez-Pérez 00] : Gómez-Pérez A. (2000). Ontological Ingineering: A state of the art. Madrid: Facultad de Informatica, Universidad Politecnica de Madrid.

[Grandbastien 02] : Grandbastien M., interview dans l'ASTI (Association française des Sciences et Technologies de l'Information), N° 79 DU 17 Juin 2002.

[Gruber 93] : Gruber T. (1993). A Translation Approach to Portable Ontology Specifications. *Knowledge Acquisition, 5*(2), 199-220.

[Guarino & al. 94b] : Guarino N., Carrara M. & Giaretta P. (1994). Formalizing ontological commitments. In National Conference of the American Association on Artificial Intelligence (AAAI), p. 560–567.

[Guarino & Giaretta 95] : Guarino N. et Giaretta P. (1995). Ontologies and Knowledge Bases: Towards a Terminological Clarification. In Mars N. J. I. (Ed.),

Towards Very Large Knowledge Bases: Knowledge Building and Knowledge Sharing, Amsterdam: IOS Press, 25-32.

[Guarino 97a] : Guarino N. (1997a). Some organizing principles for a unified top-level ontology. AAAI Spring.

[Guarino 97b] : Guarino N. (1997b). Understanding, building and using ontologies. International J. Human-Computer Studies, 46, 293-310.

[Hadji 97] : Hadji C. L'évaluation démystifiée, ESF, Paris, 1997

[Hatzily & Prentzas 04] : Hatzilygeroudis I., Prentzas J. Knowledge representation requirements for intelligent tutoring systems, Proceedings of the 7th international conference, ITS 2004, Brazil 2004.

[Hayashi & al. 99] : Hayashi Y., Jin L., Seta K., Ikeda M. et Mizoguchi R. (1999). A Multiple View Authoring Tool for Modeling Training Materials (AI Technical Report 99-05). Osaka: Osaka University.

[Horacek et Wolska 06] : Horacek H., Wolska M. Handling errors in mathematical formulas, in ITS 2006, LNCS 4053, PP 339-348, 2006.

[Inaba & al. 00] : Inaba A., Supnithi T., Ikeda M., Mizoguchi R. et Toyoda J. (2000). An Overview of Learning Goal Ontology. Proc. of ECAI2000 Workshop on Analysis and Modelling of CollaborativeLearning Interactions, 23-30.

[Jarraud & La Passardière 04] : Jarraud P., De La Passardière B. Un profil d'application du LOM pour Campus Sciences, Revue STICEF, Volume 11, 2004.

[Jean 00] : Jean S. Pépite, un système d'assistance au diagnostic des compétences ", thèse de doctorat de l'Université du Maine, 2000

[Jin & al. 99] : Jin L., Chen W., Hayashi Y., Ikeda M., Mizoguchi R., Takaoka Y. et Ohta M. (1999). An Ontology-Aware Authoring Tool – Functional structure and guidance generation. Paper presented at the AIED1999, Le Mans, France.

[Johnson 86] : Johnson W. L. Intention-Based Diagnosis of Novice Programming Errors , Morgan Kaufmann Publishers, Los Altos, 1986.

[Kabel & al. 99] : Kabel S.C., Wielinga B.J., DE Hoog R. Ontologies for indexing Technical Manuals for Instruction. Workshop on Ontologies for Intelligent Educational Systems, Ninth International Conference on Artificial Intelligence in Education, AIED'99, Le Mans, France, July 19-23, 1999.

[Kassel & al. 00].: Kassel G., Abel M., Barry C., Boulitreau P., Irastorza C., Perpette S., Construction et exploitation d'une ontologie pour la gestion des connaissances d'une équipe de recherche, in Actes des journées francophones d'Ingénierie des Connaissances (IC'2000), 2000.

[Labat 02] : Labat J. M. EIAH : Quel retour d'information pour le tuteur, Conférence TICE, 2002, P. 81-87, Novembre 2002.

[Liu & al. 04] : Liu Q., Yang Z., Yan K., Wu D. Reusable Learning Object and its strategies for e-learning, W. Liu & al. edition, ICWL 2004, LNCS 3143, pp. 386-392, 2004.

[L'haire & Faltin 03] : Haire S., Faltin A. V. Diagnostic d'Erreurs dans le Projet FreeText ", Alsic journal, volume 6, N°2, Décembre, 2003, pp. 21-37.

[Michel & Rouissi 03] : Michel C., Rouissi S. E-learning : normes et spécifications, Etude des spécifications LOM et IMS-QTI caractérisant des documents inter-échangeables et réutilisables pour l'acquisition et l'évaluation des connaissances », dans la revue Document numérique, 2003

[Maedche 02] : Maedche A. (2002). Ontology Learning for the Semantic Web. Boston: Kluwer Academic Publishers.

[Miller 88] : Miller G.A. Nouns in WordNet, In WordNet, An Electronic Lexical Database C. Fellbaum (Ed), pp 23-46, MIT Press, 1988.

[Mizoguchi & Ikeda 97] : Mizoguchi R. and Ikeda M. Towards ontology engineering. In Proceedings of the Joint Pacific Asian Conference on Expert Systems, 1997.

[Mizoguchi 98] : Mizoguchi R. : A Step Towards Ontological Engineering. Paper presented at the 12th National Conference on AI of JSAI, June, 1998.

[Mizoguchi & al.00] : Mizoguchi R., Kozaki K., Sano T. et Kitamura Y. (2000). Construction and Deployment of a Plant Ontology. The 12th International Conference, EKAW2000, (Lecture Notes in Artificial Intelligence 1937), 113-128.

[Nkambou & al. 03] : Nkambou R. Frasson C. et Gauthier G. (2003). CREAM-Tools: An Authoring Environment for Knowledge Engineering in Intelligent Tutoring Systems. In Murray T. Blessing S. & Ainsworth S. (Ed.), Authoring Tools for Advanced Technology Learning Environments: Toward cost-effective adaptive, interactive, and intelligent educational software, Kluwer Academic Publishers.

[Nicaud & al.06]: Nicaud J.F., Chaachoua H., Bittar M. Automatic calculation of students' conceptions in elementary algebra from aplusix log files, in ITS 2006, LNCS 4053, PP 433-442, 2006.

[O'Neil 01] : O'Neil M. What is E-learning, Home Magazine, May 2001.

[Oravep 00] : ORAVEP. Etude comparative technique et pédagogique des plateformes pour la formation à distance », www.oravep.asso.fr , 2000.

[Paquette 02] : Paquette, G. (2002). L'ingénierie pédagogique pour construire l'apprentissage en réseau. Québec, Presses de l'Université du Québec.

[Paquette & Tchounikine 02] : Paquette G. et Tchounikine P. (2002). Contribution à l'ingénierie des systèmes conseillers : une approche méthodologique fondée sur l'analyse du modèle de la tâche. STE, 9/2002(3-4), 409-435.

[Paquette & al. 03)] : Paquette G., Bourdeau J., Henri F., Basque J., Léonard M. et Maina M. (2003). Construction d'une base de connaissances et d'une banque de ressources pour le domaine du téléapprentissage, Revue STICEF, Volume 10, 2003, mis en ligne le 15-11-2003, http://sticef.org,

[Py 01] : Py, D. Environnements interactifs d'apprentissage et démonstration en géométrie. Habilitation à diriger des recherches présentée à l'Université de Rennes 1, Institut de Formation Supérieure en Informatique et en Communication.

[Psyché & Al. 03] : Psyché V, O. Mendes & Bourdeau J. (2003). Apport de l'ingénierie ontologique aux environnements de formation à distance, Revue STICEF, vol. 10, 2003.

[Ruth 73] : Ruth G. Analysis of algorithm implementations, Technical report MIT project MAC TR 130, Massachusetts Institute of technology, 1973.

[Saleh & Bouyahi 04] : Saleh I., Bouyahi S. Enseignement ouvert et à distance : épistémologie et usages, chapitre 5, Edition Lavoisier, 2004.

[Sampson & al. 02] : Sampson D., Karagiannidis C. & Cardinali F. An architecture for Web-based e-learning promoting reusable adaptive education, Educational Technology & Society 5 (4) 202, ISSN 1436-4522.

[Semeteys 06] : Semeteys A. Formation à distance : La norme SCORM2004. Extrait d'un ouvrage des Editions EducaWeb, 2006.

[Sleeman & Smith 81] : Sleeman D., Smith M. Modelling student's problem solving, Artificial Intelligence, (16), 171-187, 1981.

[Smrz 2004] : Smrz, P. Integrating ontologies into learning management systems – A case of Czech., OTM workshop 2004, LNCS 3292, pp. 768-772, springer-verlag.

[Snae & Brueckner 07] : Snae, C., Brueckner, M. Ontology-driven e-learning system based on roles and activities for Thai learning environment., Interdisciplinary Journal of Knowledge and learning objects, volume 3, 2007.

[Sowa 95a] : Sowa J. (1995a). Distinction, combination, and constraints. Proc. IJCAI95 Workshop on Basic Ontological Issues in Knowledge Sharing.

[Sowa 95b] : Sowa J. (1995b). Top-level ontological categories. International Journal of Human and Computer Studies, 43, 669-685.

[Staab & Maedche 00] : Staab S. & Maedche A. Axioms are objects too: Ontology engineering beyong the modeling of concepts and relations. Research report 399, Institute AIFB, Karlsruhe, 2000.

[Suraweera & al. 04] : Suraweera P., Mitrovic A., Martin B., The role of domain ontology in knowledge acquisition for ITSs, Proceedings of the 7th international conference, ITS 2004, Brazil 2004.

[Tchétagni & Nkambou 02] : Tchétagni J. M. P., Nkambou R. Hierarchical representation and evaluation of the student in an intelligent tutoring system, ITS 2002, LNCS 2363, pp 708-717.

[Tchounikine 09] : Tchounikine P. Précis de recherche en ingénierie des EIAH, Version Juin 2009, en ligne sur le Web.

[Uschold & Grüninger 96] : Uschold M. et Grüninger M. (1996). Ontologies: Principles, Methods and Applications. Knowledge Engineering Review, 11(2).

[Van Heijst & al. 97] : Van Heijst G., Schreiber A. et Wielinga B. J. (1997). Using Explicit Ontologies in KBS Development. International Journal of Human and Computer Studies /Knowledge Acquisition, 46(2/3), 183-292.

[Wenger 87] : Wenger E. Artificial Intelligence and Tutoring Systems, Computational and Cognitive Approaches to the Communication of Knowledge, Morgan Kaufmann Publishers Inc., Los Altos, 1987.

[Westbrook 93] : Westbrook R. B. John Dewey (1859-1952). Revue trimestrielle d'éducation comparée (Paris, UNESCO : Bureau international d'éducation), vol. XXIII, n° 1-2, 1993, p. 277–93.

[Xuan & al. 04] : Xuan W., Li Z., Frang Y. An implementation of learning objects management system, W. Liu & al. edition, ICWL 2004, LNCS 3143, pp. 393-399, 2004.

Annexes

Annexe A : Pseudo Langage Algorithmique Utilisé dans WebSiela

Cette annexe présente la grammaire d'analyse lexico-syntaxique de WebSiela qui est une extension de celle donnée dans [Bouarab-Dahmani 2000]. Ces extensions sont mentionnées en gras.

La grammaire G du langage est définie par un quadruplé : G (algo, Vn, Vt , P) où *algo* est l'axiome de la grammaire, Vn l'ensemble des symboles non terminaux, Vt l'ensemble des symboles terminaux et P l'ensemble des productions que nous présentons dans ce qui suit :

<algo> ⟶ «algorithme» «espace» <ident> «;» <declaration> «debut» <corp> «fin»

<declaration> ⟶ <decl_const> <decl_var> | ε

<decl_const> ⟶ <identif> «;» <decl_const> | ε
<const> ⟶ <identif> «=» <val>
<val> ⟶ <caractere> | <nombre> | <const_log>

<decl_var> ⟶ <var><decl_var> | ε
<var> ⟶ <dvar> «:»<typedonnee>
<dvar> ⟶ <identif> «,» <dvar> | <identif>

<typedonnee> ⟶ **<typesimple>** | **< tableau>**
< tableau> ⟶ **«tableau» « [» «1» «. .»<valfinale>«|» «de» <typesimple>**
<typesimple> ⟶ «entier» | <caractere> | «reel» | «booleen»

<corps> ⟶ <inst> «;»<corps> | ε

<inst> ⟶ <expression> | <inst-choix> | <inst-boucle> | <inst- e/s>

<expression> ⟶ <identif>**<suit_ident>** «:=» <valaffect>
<valaffect> ⟶ <exp> | <caractere>
<exp> ⟶ <e1><opcomp><exp> {A1} | <e1>
<e1> ⟶ <e2><opadd><e1> {A3} | <e2>
<e2> ⟶ <e3><opmult><e2> {A3} | <e3>
<e3> ⟶ <identif> **<suit_ident>** | <exp> | <nombre> | <const_log> |
<suit_ident> ⟶ **«[»<indice> «]»** | ε
<opcomp> ⟶ «<» | «>» | «<=» | «=» | «<>»
<opadd> ⟶ «+» | «-» | «|»
<opmult> ⟶ «*» | «/» | «&»
<const-log> ⟶ «vrai» | «faux»

<inst-choix> ⟶ «si» <exp> «alors» <bloc> <suite-si> «fsi»
<Suite-si> ⟶ «sinon»<bloc> | ε
<bloc> ⟶ <binst> « ; » <bloc> | **<boucle>** | **<inst-choix>** |ε
<binst> ⟶ <expression> | <inst- e/s>

<inst-boucle> ⟶ <boucle> «faire» <bloc> «fait»

<boucle> ⟶ <btantque> | <bpour>
<btantque> ⟶ <tantque »<exp>
<bpour> ⟶ «pour» <identif> «allantde» <valinitiale> «jusqua»
<valfinale>
                                                                                   <suitepour>
<suitepour> ⟶ «pas» <valpas>

<inst- e/s> ⟶ <lecture> | <ecriture>

<lecture> ⟶ «lire» «(»<bloces> «)»
<bloces> ⟶ <identif>**<suit_ident>**<bles>

<ecriture> ⟶ «ecrire» «(»<blocecrit> «)»
<bles> ⟶ «,»<bloces> | ε
<ecriture> ⟶ «ecrire» «(»<blocecrit> «)»
<blocecrit> ⟶ «"»<message> «"» | <bloces>

<message> : ensemble de caractères quelconques différents de «"» et de «)».
<identif> : identificateur.
<nombre> : nombre entier ou reel non signé.
<caractere> : caractère alphabétique minuscule ou majuscule.
<valfinale>, <valinitiale> et <valpas> : sont des nombres entiers.

Annexe B[1] : Liste des Erreurs Lexico-Syntaxiques et Sémantiques dans Websiela

Le tableau B suivant donne un extrait de la base d'erreurs de WebSiela avec indication du numéro de l'item de connaissance auquel l'erreur est reliée ainsi que le type de l'erreur (lexico-syntaxique, sémantique commune ou sémantique spécifique).

Num	Intitulé erreur	Item IC	Type erreur
1	Premier mot de l'algorithme différent du mot clé algorithme	1	lex_syn
2	Séparateur incorrect après le premier mot de l en-tête	1	lex_syn
3	Identificateur de l'algorithme introuvable ou incorrect	1	lex_syn
4	Point virgule introuvable après la déclaration de l entête	1	lex_syn
5	Mot clé Const. inexistant avant déclaration de constante	2	lex_syn
6	Constante introuvable après le symbole =	2	lex_syn
7	Identificateur de constante mal écrit : mot invalide ou incorrect	2	lex_syn
8	Symbole = inexistant après un identificateur de constante	2	lex_syn
9	Caractère spécial illégal dans la partie déclaration de constantes	2	lex_syn
10	Anticipation dans une déclaration de variables	3	lex_syn
11	Identificateur de variable introuvable ou mal écrit après une virgule	3	lex_syn
12	Mot clé indiquant un type de donnée de variable introuvable après :	3	lex_syn
13	Caractère spécial illégal dans une déclaration de variables	3	lex_syn
14	Identificateur de variable invalide ou inexistant	3	lex_syn
15	Mot clé var inexistant avant déclaration de variables	3	lex_syn
16	Marque de début d'algorithme introuvable	4	lex_syn
17	Marque de fin d'algorithme introuvable	4	lex_syn
18	Ecriture après la marque de fin d algorithme	4	lex_syn
19	Mot incorrecte ou invalide après l'en-tête : Const, Var ou Debut recherché	5	lex_syn
20	Séparateur incorrect après l en-tête	5	lex_syn
21	Point virgule introuvable en fin d instruction	6	lex_syn
22	Symbole : non autorisé seul dans une instruction du corps	6	lex_syn
23	Mot clé non autorisé en début d instruction	6	lex_syn
24	Constante non autorisée en début d instruction	6	lex_syn
25	Mot invalide en début d instruction	6	lex_syn
26	Affectation mal écrite : espace entre : et =	24	lex_syn
27	Affectation mal écrite : : ou = introuvable	24	lex_syn
28	Expression erronée affectée à un identificateur	7	lex_syn
29	Affectation mal écrite : = et = inversés	24	lex_syn
30	Symbole := introuvable après un identificateur dans le corps	7	lex_syn
31	Partie gauche d une affectation erronée	7	lex_syn
32	) d une expression inexistante	8	lex_syn
33	Utilisation d un mot clé ou constante comme identificateur dans une expression	8	lex_syn
34	« (» oublié ou «) » en plus dans une expression	8	lex_syn
35	Caractère spécial illégal dans une expression	8	lex_syn
36	Le mot clé SI inexistant ou mal écrit	9	lex_syn
37	Séparateur incorrect après le mot clé SI	9	lex_syn
38	Le mot clé FSI introuvable	9	lex_syn
39	Le mot clé ALORS introuvable	9	lex_syn

---

[1] Toutes les erreurs écrites en gras ont été ajoutées par rapport au système SIELA [Bouarab-Dahmani, 00].

40	Expression erronée ou inexistante après le mot clé SI	9	lex_syn
41	Mot invalide après le mot clé SI	9	lex_syn
42	Séparateur incorrect après le mot clé TANTQUE	10	lex_syn
43	Le mot clé FAIT introuvable	10	lex_syn
44	Mot clé FAIRE introuvable : inexistant ou mal écrit	10	lex_syn
45	Mot invalide après expression dans une instruction de boucle	10	lex_syn
46	Expression erronée après le mot clé TANTQUE	10	lex_syn
47	Mot invalide après le mot clé TANTQUE	10	lex_syn
48	Le mot clé TANTQUE inexistant ou mal écrit dans une boucle	10	lex_syn
49	) inexistant dans une instruction d E/S	11	lex_syn
50	(inexistant dans une instruction d E/S	11	lex_syn
51	Mot non autorisé ou invalide dans une instruction de lecture	12	lex_syn
52	Côte de fin de message introuvable	13	lex_syn
53	Mot clé non autorisé en début d instruction de bloc	14	lex_syn
54	Mot trop long	15	lex_syn
55	Mot non autorisé ou introuvable dans une instruction d'écriture de variable	29	lex_syn
56	Séparateur incorrect après le mot clé pour	26	lex_syn
57	Mot clé FAIT d une boucle POUR introuvable	26	lex_syn
58	Mot clé FAIRE d une boucle POUR introuvable	26	lex_syn
59	Identificateur du compteur d'itération introuvable après le mot clé POUR	28	lex_syn
60	Mot clé AllantDE d une boucle POUR introuvable : invalide ou inexistant	27	lex_syn
61	La valeur initiale de compteur d'itération d une boucle POUR introuvable	28	lex_syn
62	La valeur initiale du compteur d'itération d une boucle POUR doit être un entier et non un réel	28	lex_syn
63	Mot clé JUSQUA d une boucle POUR introuvable : invalide ou inexistant	27	lex_syn
64	La valeur finale du compteur d'itération d une boucle POUR introuvable	28	lex_syn
65	La valeur finale du compteur d'itération d une boucle POUR doit être entier et non un réel	28	lex_syn
66	Mot invalide après la valeur finale du compteur d itération	27	lex_syn
67	Mot clé incorrect après la valeur finale du compteur d itération de POUR	27	lex_syn
68	Mot invalide ou incorrect après le mot clé PAS d une boucle POUR	27	lex_syn
69	Le pas itération d une boucle POUR doit être entier et non un réel	27	lex_syn
70	Déclaration de constantes introuvable alors qu'elle est prévue par l'exo	2	sem_spe
71	Déclaration de variables introuvable alors qu'elle est prévue par l exo	3	sem_spe
72	Instruction d'affectation introuvable alors qu'elle est prévue par l exo	25	sem_spe
73	Instruction conditionnelle introuvable alors qu elle est prévue par l exo	9	sem_spe
74	Boucle TANTQUE introuvable alors qu elle est prévue par l exo	10	sem_spe
75	Boucle POUR introuvable alors qu elle est prévue par l exo	26	sem_spe
76	Lecture de données introuvable alors qu'elle est prévue par l exo	12	sem_spe
77	Ecriture de données introuvable alors qu'elle est prévue par l exo	29	sem_spe
78	Ecriture de messages introuvable alors qu'elle est prévue par l exo	13	sem_spe
79	Déclaration de constante trouvée alors qu'elle n est pas prévue par l exo	2	sem_spe
80	Déclaration de variables trouvée alors qu'elle n est pas prévue par l' exo	3	sem_spe
81	Instruction d affectation trouvée alors qu'elle n est pas prévue par l exo	25	sem_spe

82	Instruction conditionnelle trouvée alors qu'elle n'est pas prévue par l exo	9	sem_spe
83	Boucle TANTQUE trouvée alors qu'elle n'est pas prévue par l exo	10	sem_spe
84	Boucle POUR trouvée alors qu'elle n'est pas prévue par l exo	26	sem_spe
85	Lecture de données trouvée alors qu'elle n'est pas prévue par l'exo	12	sem_spe
86	Ecriture de données trouvée alors qu'elle n'est pas prévue par l'exo	29	sem_spe
87	Ecriture de messages trouvée alors qu'elle n'est pas prévue par l'exo	13	sem_spe
88	Déclaration de variables entières introuvable alors qu'elle est prévue par l'exo	19	sem_spe
89	Déclaration de variables réelles introuvable alors qu'elle est prévue par l'exo	20	sem_spe
90	Déclaration de variables caractères introuvable alors qu'elle est prévue par l'exo	21	sem_spe
91	Déclaration de variables booléennes introuvable alors qu'elle est prévue par l'exo	22	sem_spe
92	Déclaration de variables entières trouvées alors qu'elle n'est pas prévue par l'exo	19	sem_spe
93	Déclaration de variables réelles trouvées alors qu'elle n'est prévue par l'exo	20	sem_spe
94	Déclaration de variables caractères trouvées alors qu'elle n'est pas prévue par l'exo	21	sem_spe
95	Déclaration de variables booléennes trouvées alors qu'elle n'est pas prévue par l'exo	22	sem_spe
96	Déclaration de constantes entières introuvables alors qu'elle est prévue par l'exo	16	sem_spe
97	Déclaration de constantes réelles introuvables alors qu'elle est prévue par l'exo	16	sem_spe
98	Déclaration de constantes booléennes introuvables alors qu'elle est prévue par l'exo	17	sem_spe
99	Déclaration de constantes caractères introuvables alors qu'elle est prévue par l'exo	18	sem_spe
100	Déclaration de constantes entières trouvées alors qu'elle n'est pas prévue par l'exo	16	sem_spe
101	Déclaration de constantes réelles trouvées alors qu'elle n'est pas prévue par l'exo	16	sem_spe
102	Déclaration de constantes booléennes trouvées alors qu'elle n'est prévue par l'exo	17	sem_spe
103	Déclaration de constante caractère trouvée alors qu'elle n'est pas prévue par l'exo	18	sem_spe
104	Type des opérandes différents ou incompatibles dans une expression de comparaison	8	sem_com
105	Type des opérandes incompatibles avec l'opérateur d'adition	8	sem_com
106	Type des opérandes incompatibles avec l'opérateur de disjonction '|'	8	sem_com
107	Type des opérandes incompatibles avec l'opérateur de multiplication	8	sem_com
108	Type des opérandes incompatibles avec l'opérateur de conjonction '&'	8	sem_com
109	Type de l'expression d'un teste erroné : type logique recherché	9	sem_com
110	Type de l'expression d'une boucle 'TANTQUE' erroné : type logique recherché	10	sem_com
111	Double déclaration d'un identificateur de constante ou de variable	23	sem_com
112	Identificateur de constante ou de variable non déclaré	23	sem_com
113	Type de l'identificateur différent du type de l'expression qui lui est affectée	25	sem_com
114	Identificateur de constante ou de variable déclaré et non utilisé	23	sem_com
115	**"[" introuvable dans une déclaration de tableau**	**34**	**lex_syn**
116	**"]" inexistant dans une déclaration de tableau**	**34**	**lex_syn**
117	**Séparateur incorrect dans une déclaration de tableau**	**34**	**lex_syn**
118	**Type des éléments du tableau introuvable ou mal écrit**	**34**	**lex_syn**
119	**Le mot clé "de" inexistant ou mal écrit**	**34**	**lex_syn**

120	la borne supérieure de déclaration de tableau doit être un entier	34	lex_syn
121	la borne inférieure de déclaration de tableau doit être "1"	34	lex_syn
122	"[" introuvable après un identificateur de tableau dans une instruction	33	lex_syn
123	L'indice du tableau est introuvable ou mal écrit.	33	lex_syn
124	"]" introuvable dans une instruction utilisant un tableau	33	lex_syn
125	La variable utilisée avant le "[" n'est pas de type tableau	23	lex_syn
126	Absence du compteur d'incrémentation de la boucle "tant que"	32	sem_spe
127	Une variable est utilisée dans une instruction sans être initialisée	8	sem_com
128	Déclaration de tableau introuvable alors qu'elle est prévue pour l'exo	34	sem_spe
129	Déclaration de la variable tableau trouvée alors qu'elle n'est pas prévue par l'exo	34	sem_spe
130	Déclaration de tableau d'entiers prévue et non trouvée dans l'exo	37	sem_spe
131	Déclaration de tableau de réels introuvable et prévue par l'exo	38	sem_spe
132	Déclaration de tableau de booléens introuvable et prévue par l'exo	39	sem_spe
133	Déclaration de tableau de caractère introuvable et prévue par l'exo	40	sem_spe
134	Déclaration de tableau d'entiers trouvée et non prévue par l'exo	37	sem_spe
135	Déclaration de tableau de réels trouvée et non prévue par l'exo	38	sem_spe
136	Déclaration de tableau de booléens trouvée et non prévue par l'exo	39	sem_spe
137	Déclaration de tableau de caractères trouvée et non prévue par l'exo	40	sem_spe
138	"[" introuvable après un identificateur de tableau ou "]" en plus	23	lex_syn
139	Ecriture incorrecte entre le mot "tableau" et "[" dans la déclaration	34	lex_syn
140	un mot clé ne peut pas être un indice du tableau	33	lex_syn
141	un booléen ne peut pas être un indice du tableau	33	lex_syn
142	Une constante caractère ne peut pas être un indice du tableau	33	lex_syn
143	un nombre réel ne peut pas être un indice du tableau	33	lex_syn
144	un identificateur de réel ne peut pas être indice du tableau	33	sem_com
146	Un identificateur de caractère ne peut pas être un indice du tableau	33	sem_com
148	L'indice de contrôle de la boucle "pour" est toujours un entier.	26	sem_com
147	Un identificateur de tableau ne peut pas être un indice de tableau	33	sem_com
145	un identificateur booléen ne peut pas être un indice du tableau	33	sem_com
149	Ecriture de variable non initialisée	29	sem_com
150	Non initialisation de la variable utilisée dans la condition de la boucle "tant que".	31	sem_com
151	La lecture de constante n'est pas permise	12	sem_com
152	Non initialisation de la variable utilisée dans la condition de "si".	9	sem_com
153	Lecture de tableau trouvée et non prévue par l'exo.	35	
154	Ecriture des éléments du tableau trouvée et non prévue par l'exo.	36	sem_spe
156	Lecture de tableau introuvable et prévue par l'exo.	34	sem_spe
155	Lecture de tableau introuvable et prévue par l'exo.	35	sem_spe
157	Initialisation de variables interdite dans le bloc de déclaration	3	lex_syn
158	Division par zéro interdite dans un algorithme	8	sem_com
159	"(" oubliée ou ")" en plus dans la condition de la boucle "tantque"	8	lex_syn
160	")" oubliée ou "(" en plus dans la condition de la boucle "tantque"	8	lex_syn
161	"(" oubliée ou ")" en plus dans la condition de "si"	8	lex_syn

162	")" oubliée ou "(" en plus dans la condition de "si"	8	lex_syn
163	Lecture incorrecte sémantiquement avant la fin de l'algorithme	14	sem_com
164	Division sur une variable initialisée à zéro interdite dans un algorithme	8	sem_com
165	Division sur une constante nulle interdite dans un algorithme	8	sem_com
166	Bloc de la boucle "pour" ne doit pas être vide	26	lex_syn
167	Affectation à une constante est interdite dans un algorithme	25	sem_com
168	Incrémentation interdite de l'indice de la boucle "pour" dans son bloc	26	sem_com
169	Mot clé non autorisé avant l'écriture de "debut"	5	lex_syn
170	Mot clé non autorisé dans le corps de l'algorithme	5	lex_syn
171	La constante utilisée dans la déclaration de tableau n'est pas de type entier	34	sem_com
172	Constante non définie dans la déclaration de tableau	34	sem_com
173	L'identificateur de la valeur finale du compteur d'itération de la boucle "pour" doit être un entier	26	sem_com
174	Identificateur de tableau erroné ou '[' inattendu après une variable ou constante	23	sem_com
175	La variable utilisée dans l'écriture de tableau n'est pas l'indice de la boucle	36	sem_com
176	Opération de multiplication prévue et non trouvée dans l'exo.	8	sem_spe
177	Opération de multiplication trouvée et non prévue dans l'exo.	8	sem_spe
178	Opération de division prévue et non trouvée dans l'exo.	8	sem_spe
179	Opération de division trouvée et non prévue dans l'exo.	8	sem_spe
180	Opération d'addition prévue et non trouvée dans l'exo.	8	sem_spe
181	Opération d'addition trouvée et non prévue dans l'exo.	8	sem_spe
182	Opération de soustraction prévue et non trouvée dans l'exo.	8	sem_spe
183	Opération de soustraction trouvée et non prévue dans l'exo.	8	sem_spe
184	Une variable est utilisée dans le corps sans être lue	29	sem_spe

Tableau B- Erreurs Potentielles Considérées Dans WebSiela

Annexe C : Pseudo Langage Algébrique Utilisé dans Rdb-E-Learn

Description du langage algébrique utilisé pour le cas des réponses libres à des requêtes en BDDR avec le système RDB-E-LEARN.

1. Les entités lexicales

a. Les mots clés

SELECTION	: la sélection ou restriction
UNION	: l'union
DIF	: la différence
RDCARTESIEN	: le produit cartésien
INTER	: l'intersection
JOINSEMI	: la semi jointure
AUTOJOIN	: l'auto jointure
NATJOIN	: la jointure naturelle
THETAPRODUCT	: le thêta produit
COMP	: le complément
PROJ	: la projection
EXTJOIN	: la jointure externe

b. Les identificateurs

Un identificateur est une suite de caractères alphanumérique qui commence obligatoirement par une lettre ([a...z] ou [A...Z]) et qui doit être différent des mots clés du langage algébrique retenu.

c. Les opérateurs

- Les opérateurs arithmétiques : +, x, /, -
- Les opérateurs de comparaison <, >, <=, >=, <>, =
- Les opérateurs logiques :
  Le AND logique est représenté par &&
  Le OU logique est représenté par ||
- L'opérateur d'affectation := est utilisé pour affecter une opération algébrique à une relation intermédiaire.

d. Les séparateurs

- La parenthèse « (»: elle délimite les identificateurs utilisés par le mot clé qui les précède
- La parenthèse «) »: elle délimite les identificateurs utilisés par le mot clé qui les précède
- *La virgule « , »* : séparatrice entre les identificateurs
- Le « | » :_sépare un identificateur de relation et la condition, ou bien un identificateur de relation et la liste d'attributs sur les quels et faite la projection

e. Les constantes

Constante numérique : réelle ou entière, constante caractère ou booléene.

2. Les entités syntaxiques

La structure générale de la réponse apprenant en expression algébrique est comme suit :

<Identificateur := mot clé (nom de relation1 [,nomrelation2] [|condition] [liste attributs]) ;>$^+$

Remarques :

- le contenu entre crochets est facultatif
- (…)$^+$ signifie que le contenu entre parenthèses doit apparaitre au moins une fois.
- La colonne 'langage algébrique' du tableau C suivant donne la syntaxe d'une opération algébrique pour chaque mot clé de notre pseudo langage

Le tableau récapitulatif suivant présente une synthèse des opérateurs algébriques utilisés dans RDB-E-LEARN avec le formalisme des arbres algébriques, opérateur algébrique et clause SQL.

Type Operateur	Opérateur Algébrique	Expression algébrique proposée	Symbole	Représentation graphique	En SQL
	Union	résultat := UNION (R1, R2)	U	résultat ↑ ∪ ↗↖ R1 R2	SELECT < attribut>$^+$/ * FROM R1 **UNION** SELECT < attribut>$^+$/ * FROM R2 ;
	différence	résultat:= DIF (R1, R2)	-	résultat ↑ ⊖ ↗↖ R1 R2	SELECT < attribut>$^+$/ * FROM R1 **MINUS** SELECT < attribut>$^+$/ * FROM R2 ;
	intersection	résultat:= INTER (R1, R2)	∩	résultat ↑ ∩ ↗↖ R1 R2	SELECT < attribut>$^+$/ * FROM R1 **INTERSECT** SELECT < attribut>$^+$/ * FROM R2 ;

Op _binaire	Jointure extérieure	résultat := EXT-JOIN (R1, R2|condition)	⟕	Résultat / Ai Bi / condition / R1 R2	elle n'est pas implantée dans la plus part des SGBD relationnels
	Semi-jointure	résultat:= SEMIJOIN (R1, R2|condition)	⋉	Résultat / Ai Bi / condition / R1 R2	SELECT < attribuR1>⁺, <attribuR2>⁺ FROM R1,R2 WHERE <condition> ;
	Jointure naturelle	résultat:= NATJOIN (R1, R2|condition)	⋈	Résultat / Ai Bi / condition / R1 R2	SELECT attribu1R1 FROM R1 WHERE attribuR2 IN (SELECT attribuR2 FROM R2 WHERE <condition>) ;
	Thêta-produit	résultat:= THETAPRODUCT (R1,R2|condition)	θ	résultat / θ / R2 R2	Consiste en un produit cartésien suivi d'une sélection SELECT < attribuR1>⁺, <attribuR2>⁺ FROM R1,R2 WHERE attributR1= attribuR2;
	Produit cartésien	résultat:= PRODUCT (R1,R2)	x	résultat / X / R1 R2	Select * From R1, R2;
Op_ Unaire	Sélection ou restriction	résultat:= SELECTION (R1|condition)	σ	résultat / Condition / R1	Select [distinct] < attribut>⁺/ * From R1 Where <condition> ;
	Complément	Résultat := COMP(R1)	¬	résultat / ¬ / R1	S'obtient par une combinaison d'opérateurs relationnels

	Projection	résultat:= PROJ (R1|X1 X2 ..Xn)	π	résultat ▲ /X1 X2...Xn\ ▲ R1	Select [distinct] < attribut>⁺ From R1 ;
	AUTO JOINTURE	Résultat: = AUTOJOIN (R|condition)		Résultat ⋈ condition ▲ R	SELECT Y.attribut FROM R1Y,R1 WHERE <condition> ;

Tableau C. Récapitulatif des opérateurs algébriques utilisés dans RDB-E-LEARN

Annexe D : Liste des Erreurs Lexico-Syntaxiques et Sémantiques dans RDB-E-Learn

Le tableau D1 donne un extrait de la base d'erreurs lexico-syntaxique, le tableau D2 donne un extrait de la base d'erreurs sémantiques communes et le tableau D3 donne un extrait de la base d'erreurs sémantiques spécifiques du système RDB-E-LEARN.

Num-err	Libellé de l'erreur	Num ItemC
1	Mot trop long	36
2	Point virgule manquant	37
3	Nombre réel erroné (possédant un caractère différent de «. » et différent d'un chiffre)	36
4	Absence d un identificateur de relation au début de l'opération algébrique	37
5	Absence de séparateur := avant l'opérateur algébrique	37
6	parenthèse ouvrante manquante après l opérateur algébrique UNION	26
7	absence du premier identificateur de relation après la parenthèse ouvrante dans l'opération algébrique UNION	26
8	manque du séparateur virgule entre deux identificateurs dans une opération algébrique UNION	26
9	Absence du deuxième identificateur de relation après le séparateur virgule dans une opération algébrique binaire UNION	26
10	parenthèse fermante manquante dans l opération algébrique UNION	26
11	opérateur d"affectation mal écrit manque de '=' après les deux points	37
12	parenthèse ouvrante manquante après l'opérateur algébrique AUTOJOION	23
13	parenthèse fermante manquante dans l opération algébrique AUTOJOIN	23
14	parenthèse ouvrante manquante après l'opérateur algébrique SELECTION	20
15	absence de l'identificateur de relation après la parenthèse ouvrante dans l opération SELECTION	20
16	Manque de séparateur | entre l'identificateur de relation et la condition dans la sélection	20
17	parenthèse fermante manquante dans l'opération algébrique SELECTION	20
18	parenthèse ouvrante manquante après l'opérateur algébrique projection	22
19	absence de l'identificateur de relation après la parenthèse ouvrante dans l opération de projection	22
20	Manque de séparateur '|' entre l identificateur de relation et la liste d attributs dans la projection	22
21	parenthèse fermante manquante dans l opération algébrique de projection	22
22	parenthèse ouvrante manquante après l opérateur algébrique THETAPRODUCT	30

23	absence du premier identificateur de relation après la parenthèse ouvrante dans l opération de thêta produit	30
24	manque du séparateur virgule entre deux identificateurs dans une opération algébrique binaire de thêta pro	30
25	Absence du deuxième identificateur de relation après le séparateur virgule dans une opération algébrique de thêta produit	30
26	Manque de séparateur '|'entre l'identificateur de relation et la condition dans l'opération algébrique du thêta produit	30
27	parenthèse fermante manquante dans l opération algébrique de thêta produit	30
28	parenthèse ouvrante manquante l'opérateur algébrique de différence DIF	28
29	absence du premier identificateur de relation après la parenthèse ouvrante dans l opération de différence	28
30	manque du séparateur virgule entre deux identificateurs dans une opération algébrique binaire de différence	28
31	manque du deuxième identificateur de relation après la virgule dans l'opération algébrique de différence	28
32	parenthèse fermante manquante dans l opération algébrique de différence	28
33	parenthèse ouvrante manquante après l opérateur algébrique d intersections INTER	27
34	absence du premier identificateur de relation après la parenthèse ouvrante dans l opération algébrique de l'intersection	27
35	manque du séparateur virgule entre deux identificateurs dans une opération algébrique binaire de l intersection	27
36	Absence du deuxième identificateur de relation après le séparateur virgule dans une opération algébrique binaire d'intersection	27
37	parenthèse fermante manquante dans l opération algébrique d'intersection	27
38	parenthèse ouvrante manquante après l opérateur algébrique de la jointure extérieure	32
39	absence du premier identificateur de relation après la parenthèse ouvrante dans l opération de la jointure extérieure	32
40	manque du séparateur virgule entre deux identificateurs dans une opération algébrique binaire de la jointure extérieure	32
41	Absence du deuxième identificateur de relation après le séparateur virgule dans une opération algébrique binaire de la jointure extérieure	32
42	parenthèse fermante manquante dans l opération algébrique de la jointure extérieure	32
43	parenthèse ouvrante manquante après l opérateur algébrique de semi jointure	33

44	absence du premier identificateur de relation après la parenthèse ouvrante dans l opération de semi jointure	33
45	manque du séparateur virgule entre deux identificateurs dans une opération algébrique binaire de semi jointure	33
46	Absence du séparateur | entre l'identificateur de relation et la condition dans l'opération de semi jointure	33
47	parenthèse fermante manquante dans l opération algébrique de semi jointure	33
48	Parenthèse ouvrante manquante après l opérateur algébrique de jointure naturelle	31
49	absence du premier identificateur de relation après la parenthèse ouvrante dans l opération algébrique de jointure naturelle	31
50	Manque du séparateur virgule entre deux identificateurs dans l opération algébrique binaire de jointure naturelle	31
51	Absence du deuxième identificateur de relation après le séparateur virgule dans l opération algébrique binaire de jointure naturelle	31
52	parenthèse fermante manquante dans l opération algébrique de jointure naturelle	31
53	parenthèses ouvrante manquante après l'opérateur algébrique du produit cartésien	29
54	absence du premier identificateur de relation après la parenthèse ouvrante l'opération algébrique de produit cartésien	29
55	manque du séparateur virgule entre deux identificateurs dans une opération algébrique binaire de produit cartésien	29
56	Absence du deuxième de relation après le séparateur virgule dans l'opération algébrique binaire de produit cartésien	29
57	parenthèse fermante manquante dans l opération algébrique de produit cartésien	29
58	parenthèse ouvrante manquante après l opérateur algébrique du complément COMP	21
59	absence de l'identificateur de relation après la parenthèse ouvrante dans l opération algébrique de complément	21
60	parenthèse fermante manquante dans l opération algébrique de complément	21
61	manque de séparateur virgule entre les attributs dans une opération algébrique de projection	22
62	manque d'un identificateur d'attributs dans une opération algébrique de projection	22
63	Manque d un identificateur ou d une constante avant l opérateur (dans la condition)	35

64	manque d'un opérateur logique après le crochet fermant	20
65	manque d'un crochet ouvrant pour la condition contenant un opérateur logique	35
66	manque d'un crochet fermant pour la condition contenant un opérateur logique	35
67	Manque d'opérateur dans l expression de la condition	35
68	absence du premier identificateur après la parenthèse ouvrante dans l opération algébrique de l'auto jointure	23
69	Manque de séparateur "|"entre l'identificateur de relation et la condition dans l'opération algébrique de l "auto jointure	23
70	Manque de séparateur "|" entre l identificateur de relation et la condition dans l'opération algébrique de la jointure extérieure	32
71	Manque de séparateur "|" entre l identificateur de relation et la condition dans l'opération algébrique de la jointure naturelle	31
72	Manque du deuxième identificateur de relation après le séparateur virgule dans l'opération algébrique de la semi jointure	33
73	Absence d un opérateur algébrique dans l'opération algébrique	37
74	manque d une parenthèse ouvrante dans la condition	35
75	manque d une parenthèse fermante dans la condition	35
76	Manque d'un identificateur ou d'une constante avant ou après l'operateur arithmétique (dans la condition)	35
77	parenthèse ouvrante ou crochet ouvrant introuvable alors qu'une condition doit commencer par l un des deux	35
78	manque de la parenthèse au début de l expression arithmétique	35
79	parenthèse fermante manquante Après l opérateur de comparaison	35
80	manque de la parenthèse fermante a la fin de l expression arithmétique	35
81	parenthèse ouvrante manquante après l opérateur de comparaison	35
82	présence d un seul identificateur entre les parenthèses dans une opération algébrique binaire de thêta produit	30
83	présence d un seul identificateur entre les parenthèses dans une opération algébrique binaire de la jointure extérieure	32
84	présence d un seul identificateur entre les parenthèses dans une opération algébrique de l'intersection	27
85	présence d un seul identificateur entre les parenthèses dans une opération algébrique binaire de différence	28
86	présence d un seul identificateur entre les parenthèses dans l'opération algébrique binaire de semi jointure	30
87	présence d un seul identificateur entre les parenthèses dans une opération algébrique binaire de la jointure naturelle	31

88	présence d'un seul identificateur entre les parenthèses dans une opération algébrique binaire UNION	26
89	opérateur incomptable avec les deux opérandes (opérateur logique attendu)	35
90	operateur incompatible avec les deux opérandes (opérateur de comparaison attendu)	35
91	operateur incompatible avec les deux opérandes (opérateur arithmétique attendu)	35
92	présence d'un seul identificateur entre les parenthèses dans une opération algébrique binaire du produit cartésien	29

Tableau D1- Liste des erreurs lexico-syntaxiques de RDB-E-LEARN

Num err	Libellé de l'erreur	Num ItemC
122	les deux relations utilisées dans la SEMI JOINTURE n'ont pas d'attributs communs	33
110	les deux relations dans l'opération algébrique d INTERSECTION n'ont pas le même schéma relationnel	27
107	les deux relations utilisées dans la jointure naturelles n'ont pas d'attributs communs	31
105	les deux relations dans l'opération algébrique d'UNION n'ont pas le même schéma relationnel	26
104	les deux relations utilisées dans la jointure extérieure n'ont pas d'attributs communs	32
110	les deux relations dans l'opération algébrique d INTERSECTION n'ont pas le même schéma relationnel	27
134	vous avez fait la différence entre deux relations identiques	27
130	vous avez fait l union entre deux relations identiques	26

Tableau D2- Liste des erreurs sémantiques communes de RDB-E-LEARN

Num err	Libellé de l'erreur	Num ItemC
93	Opérateur algébrique du complément trouvé alors qu'il n'est pas prévu par l'exo	21
94	Opérateur algébrique de projection introuvable alors qu'il est prévu par l'exo	22
95	Opérateur algébrique de la semi jointure introuvable alors qu'il est prévu par l'exo	33
96	Opérateur algébrique d'intersection trouvé alors qu'il n'est pas prévu par l'exo	28
97	Opérateur algébrique de complément introuvable alors qu'il est prévu par l'exo	21
98	Opérateur algébrique de la semi jointure trouvé alors qu'il n'est pas prévu par l'exo	33
99	Opérateur algébrique de la jointure extérieure trouvé alors qu'il n'est pas prévu par l'exo	32
100	Opérateur algébrique d'union trouvé alors qu'il n'est pas prévu par l'exo	26
101	Opérateur algébrique de la jointure naturelle trouvé alors qu'il n'est pas prévu par l'exo	
102	Opérateur algébrique du thêta produit trouvé alors qu'il n'est pas prévu par l'exo	30
103	Opérateur algébrique de la sélection trouvé alors qu'il n'est pas prévu par l'exo	20
108	Opérateur algébrique de la projection trouvé alors qu'il n'est prévu par l'exo	22
109	Opérateur algébrique de la jointure extérieure introuvable alors qu'il est prévu par l'exo	32
111	Opérateur algébrique d'UNION introuvable alors qu'il est prévu par l'exo	26
112	Opérateur algébrique de sélection introuvable alors qu'il est prévu par l'exo	20
113	Opérateur algébrique de différence introuvable alors qu'il est prévu par l'exo	28
114	Opérateur algébrique d'intersection introuvable alors qu'il est prévu par l'exo	27
115	opérateur algébrique de l auto jointure introuvable alors qu'il est prévu par l exercice	23
116	Opérateur algébrique du PRODUIT CARTESIEN introuvable alors qu'il est prévu par l'exo	29
117	Opérateur algébrique de jointure naturelle introuvable alors qu'il est prévu par l'exo	31
118	Opérateur algébrique de l'auto jointure trouvé alors qu'il n'est pas prévu par l'exo	23
119	Opérateur algébrique du PRODUIT CARTESIEN trouvé alors qu'il n'est pas prévu par l'exo	29
120	Opérateur algébrique d'intersection introuvable alors qu'il est prévu par l'exo	30
121	Opérateur algébrique de la différence trouvé alors qu'il n'est pas prévu par l'exo	27

123	vous n'avez pas utilisé le bon identificateur de relation dans la sélection	20
124	le premier identificateur d'attribut utilisé dans la projection n'est pas le bon	22
125	le deuxième identificateur d'attribut utilisé dans la projection n'est pas le bon	22
126	vous n'avez pas utilisez le bon identificateur de relation pour la projection	22
127	le nombre d'attributs dans la projection est différent de deux	22
128	le premier identificateur de relation dans l'union n'est pas le bon	26
129	le deuxième identificateur de relation dans l'union n'est pas le bon	26
131	le nombre d'attributs dans la projection est diffèrent de un	22
132	le premier identificateur de relation dans l'opération algébrique de différence n'est pas le bon	27
133	le deuxième identificateur de relation dans l'opération algébrique de différence n'est pas le bon	27

Tableau D3- Liste des erreurs sémantiques spécifiques de RDB-E-LEARN

Annexe E : Exemple de Document XML et son Affichage avec un Script Php

Description d'un exemple de conception d'un document ressource correspondant à un concept de l'ontologie Onto-TDM avec XML (pour la structure du document) (Figure E1) et XSL (pour les styles de présentation du document) (Figure E2) et son affichage via un script PHP (Figure E3).

```xml
<?xml version="1.0" encoding="UTF-8" ?>
<?xml-stylesheet type="text/xsl" href="concepts.xsl"?>
<liste>
<concept>
        <titre>Structure d'un algorithme</titre>
        <lien>concept1</lien>
</concept>
<concept>
        <titre>Declaration de constantes</titre>
        <lien>concept2</lien>
</concept>
<concept>
        <titre>Declaration de variables</titre>
        <lien>concept3</lien>
</concept>
<concept>
        <titre>E/S  de donnees</titre>
        <lien>concept4</lien>
</concept>
<concept>
        <titre>Instruction d'affectation</titre>
        <lien>concept5</lien>
</concept>
<concept>
        <titre>Instruction alternative</titre>
        <lien>concept6</lien>
</concept>
<concept>
        <titre>Instruction iterative</titre>
        <lien>concept7</lien>
</concept>
<concept>
        <titre>tableau</titre>
        <lien>concept8</lien>
</concept>
</liste>
```

Figure E2. Structure XML d'un document

```
<?xml version="1.0" encoding="iso-8859-1" ?>
<xsl:stylesheet version="1.0" xmlns:xsl="http://www.w3.org/1999/XSL/Transform">
  <xsl:template match="liste">
    <html>
      <body bgColor="#e8e8ec" background="/siela/Image/carre.jpg" text="#000000"
        link="#660066" vlink="#ff0066" alink="#336699">
        <p align="center">
          <font size="6" color="red">
            <i>Cours</i>
          </font>
        </p>
        <xsl:for-each select="concept">
          <hr />
          <pre>
            <a HREF="../../auteur/gestionconcept/docxml/{lien}.xml">
              <xsl:value-of select="titre" />
            </a>
          </pre>
        </xsl:for-each>
      </body>
    </html>
  </xsl:template>
</xsl:stylesheet>
```

Figure E2. Style XSL du document

```
<head>
<title>Sans Titre</title>
<meta http-equiv="content-type" content="text/html; charset=iso-8859-1">
<meta name="generator" content="HAPedit 2.4">
</head>
<body bgcolor="#FFFFFF">
<?
mysql_connect("localhost","root","");
mysql_select_db("base_siela");
$req = " select num_concept,libelle_concept FROM concept ORDER BY num_concept";
$res= mysql_query($req);
$file= fopen("docxml/concepts.xml", "w");
    $_xml ="<?xml version=\"1.0\" encoding=\"UTF-8\" ?>\r\n";
    $_xml .="<?xml-stylesheet type=\"text/xsl\" href=\"concepts.xsl\"?>\r\n";
    $_xml .="<liste>\r\n";
while($obj=mysql_fetch_object($res))
{
    $_xml .="<concept>\r\n";
    $_xml .="\t<titre>" . $obj->libelle_concept . "</titre>\r\n";
    $_xml .="\t<lien>" . "concept" . $obj->num_concept . "</lien>\r\n";
    $_xml .="</concept>\r\n";
}
$_xml .="</liste>\r\n";
fwrite($file, $_xml);
fclose($file);
echo "<script language=\"javascript\">
        document.location=\"docxml/concepts.xml\";
      </script>";
?>
</body>
</html>
```

Figure E3. Script PHP d'affichage du document

Annexe F : Liste des Communications et Publications après Inscription en Doctorat

Communications Nationales

- Farida Bouarab-Dahmani, Malik Si-Mohammed, 2007." *Evaluation Automatisée de l'Apprenant dans le Cadre d'un Apprentissage par l'Exercice*", à la conférence nationale sur la pédagogie et la didactique de la physique, Tizi-Ouzou, Algérie, 29 et 30 mai 2007.

Communications internationales dans des conférences avec comité scientifique de lecture :

- Farida Bouarab-Dahmani, Malik Si-Mohammed." *Characteristic based diagnosis in an intelligent tutoring system for algorithmic*", Proceedings of the international conference on machine intelligence, the 2nd ACIDCA-ICMI'2005, Toseur, Tunisia, 5-7 November 2005.

- Farida Bouarab-Dahmani, Malik Si-Mohammed,. *Un méta-modèle ontologique pour la représentation de domaines d'enseignement en E-learning*, Article communiqué à l'International Conference on Web and information technologies (ICWIT'2008), Sidi BelAbbes, Algeria, 29-30 June.

- Farida Bouarab-Dahmani, Malik Si-Mohammed, Catherine Comparot. *Une ontologie générique Opérationnalisée XML pour la Spécification de domaines d'enseignement en E-learning*, Article communiqué au colloque sur l'optimisation et les systèmes d'information COSI'08, Tizi Ouzou , Mai 2008.

- Farida Bouarab-Dahmani, Malik Si-Mohammed, Catherine Comparot & Pierre Jean Charrel. *Evaluating the Learner's State of Knowledge when he/she is learning by doing*, IADIS International Conference IADIS CELDA 2008, Freiburg, Germany, October 13-15, 2008.

- Farida Bouarab-Dahmani, Malik Si-Mohammed, Catherine Comparot & Pierre Jean Charrel. *Learner's Error Diagnosis and Learner marking approaches for E-learning platforms*, TELEARN International Conference 2008, Hanoi, Vietnam, December 04-06, 2008.

- Farida Bouarab-Dahmani, Malik Si-Mohammed, Catherine Comparot & Pierre Jean Charrel. *ODALA, an ontological model for automated evaluating of learner knowledge: Application to Teaching of Algorithms*, E-case-2009 (E-education) International Conference, Singapour, Janvier 08-10, 2009. Article **classé "distingué"** avec un certificat du comité de la conférence (cf. page 132 pour copies des justificatifs).

- Farida Bouarab-Dahmani, Malik Si-Mohammed, Catherine Comparot & Pierre Jean Charrel. Learners automated evaluation with the *ODALA approach*, **ACM-**

SAC2009 (Human Computer Interaction Track) International Conference, Honolulu, Hawaii, USA, March 08-12, 2009.
- Farida Bouarab-Dahmani, Malik Si-Mohammed, Catherine Comparot & Pierre Jean Charrel. Teaching domain representation and learner's evaluation in a platform for relational database e-learning, E-case-2010 (E-education) International Conference, Macau (Chine), Janvier25-27, 2010.

Publication dans des Revues Internationales

- Farida Bouarab-Dahmani, Malik Si-Mohammed, Catherine Comparot, Pierre-Jean Charrel. *ODALA, An Ontological Model for an Automated Evaluation of Learner's State of Knowledge: Application to a Web based Algorithmic Teaching.* Dans : *International Journal of Business and Information*, International Business Academics Consortium (IBAC), Vol. 4 N. 1, p. 1-22, juin 2009.
- F. Bouarab-Dahmani, M. Si-Mohammed, C. Comparot & P. J. Charrel. *Automated Evaluation of Learners with the ODALA Approach: Application to Relational Databases E-learning*, International journal of computational intelligence systems, IJCIS, Vol. 3 N.3, 2010.

e-CASE 2009

2009 International Conference on e-Commerce, e-Administration, e-Society, and e-Education
January 8-10, 2009, Grand Copthorne Waterfront Hotel, Singapore

CERTIFICATE

awarded to

Farida BOUARAB-DAHMANI

In Recognition of Participation and Valuable Contribution

WenChang Fang
Conference Chair

The 2009 International Joint Conferences on
e-CASE and e-Technology
January 8-10, 2009, Singapore

Distinguished Paper Award

Presented to

Farida Bouarab-Dahmani, Malik Si-Mohammed,
Catherine Comparot, and Pierre-Jean Charrel

"*ODALA, an ontological model for automated evaluating of learner knowledge: Application to Teaching of Algorithms*"

Milton Mung-Shiung Shieh	WenChang Fang
Honorary Conference Chair	Conference Chair

Oui, je veux morebooks!

i want morebooks!

Buy your books fast and straightforward online - at one of world's fastest growing online book stores! Environmentally sound due to Print-on-Demand technologies.

Buy your books online at
www.get-morebooks.com

Achetez vos livres en ligne, vite et bien, sur l'une des librairies en ligne les plus performantes au monde!
En protégeant nos ressources et notre environnement grâce à l'impression à la demande.

La librairie en ligne pour acheter plus vite
www.morebooks.fr

VDM Verlagsservicegesellschaft mbH
Heinrich-Böcking-Str. 6-8   Telefon: +49 681 3720 174   info@vdm-vsg.de
D - 66121 Saarbrücken   Telefax: +49 681 3720 1749 www.vdm-vsg.de

Printed by Books on Demand GmbH, Norderstedt / Germany